KB215311

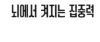
뇌에서 켜지는 집중력

뇌에서 커지는 집중력

2025년 5월 30일 1판 1쇄 발행

지은이 ㅣ 가토 토시노리
옮긴이 ㅣ 이진원
펴낸이 ㅣ 양승윤

펴낸곳 ㅣ (주)와이엘씨
　　　　서울특별시 강남구 강남대로 354 혜천빌딩 15층
　　　　Tel. 555-3200　Fax. 552-0436

출판등록 ㅣ 1987. 12. 8. 제1987-000005호
http://www.ylc21.co.kr

값 17,900원
ISBN 978-89-8401-269-1 03190

* 영림카디널은 (주)와이엘씨의 출판 브랜드입니다.
* 소중한 기획 및 원고를 이메일 주소(editor@ylc21.co.kr)로 보내주시면,
　출간 검토 후 정성을 다해 만들겠습니다.

뇌에서 켜지는 집중력

가토 토시노리 지음 · 이진원 옮김

잃어버린 8가지 집중력 뇌과학으로 다시 찾기

영림카디널

집중력

Original Japanese title: KEKKYOKU, SHUCHURYOKU GA 9-WARI:
NOU NO PRO GA OSHIERU DAREDEMO SHUCHURYOKU GA
SAIDAIKA SURU HOUHOU

Copyright © 2024 Toshinori Kato

Original Japanese edition published by Ascom, Inc.
Korean translation rights arranged with Ascom, Inc.
through The English Agency (Japan) Ltd. and Danny Hong Agency

집중력에는
사고, 전달, 이해, 감정,
운동, 시각, 기억, 청각
8가지 종류가 있다.

여러분이 강화하고 싶은
집중력은 무엇인가?

들어가며

들어가며

집중력은 정신력이 아니라
뇌가 만드는 힘이다
—

누구나 한 번쯤은 이런 경험을 해 본 적이 있지 않을까?

- 어려운 책을 읽다 보면 금세 졸음이 온다.
- 2시간 이상 공부하는 게 힘들다.
- 연휴가 끝나면 좀처럼 일이나 공부에 집중이 안 된다.
- 상사가 맡긴 일일수록 도무지 집중이 안 된다.
- 저녁형 인간이라 아침에는 컨디션이 좋지 않다.
- 재택근무를 하면 유혹이 많아 자꾸 딴짓을 한다.

집중력이 오래가지 않아 쉽게 지치고 다른 일을 하고 싶다거나 집중력이 흐트러져 일이 손에 잡히지 않는 등의 고민을 해보았을 것이다. 반대로 이런 경험도 해 보지 않았을까?

- 게임을 하다 보면 몇 시간이 훌쩍 지나간다.
- 방학 마지막 날까지 미뤄 둔 숙제를 하루 만에 끝낸 적이 있다.
- 좋아하는 가수의 노래라면 몇 시간이라도 들을 수 있다.
- 조용한 곳보다 적당히 시끄러운 카페에서 공부나 일이 더 잘 된다.
- 푹 자고 일어난 날에는 머리가 맑고 집중이 잘 된다.

자신이 집중을 못 한다고 생각하는 사람도 시간이 순식간에 지나가거나 짧은 시간에 성과를 낸 경험이 있을 것이다. 사실 집중력이 없는 사람은 없다. 누구나 집중력을 가지고 있지만, 스스로 나는 집중력이 없다고 착각하고 있을 뿐이다.

앞에서 말한 바와 같이 좋아하는 게임을 할 때면 시간도 잊고 푹 빠져들거나 좋아하는 드라마를 볼 때는 주변을 완전히 잊어버리기도 하고, 맛있는 음식을 먹을 때는 그 맛에만 집중한 경험이 있을 것이다. 이처럼 누구나 무언가에 몰두하는 순간이 있기 마련이다.

그렇다면 어째서 집중이 잘될 때와 전혀 안 될 때가 있는 것일까? 같은 공부를 해도 집중하는 사람이 있고 반면에 집중하지 못하는 사람이 있다. 이런 개인 차이는 어디에서 오는 것일까?

한마디로 말해, 그 이유는 뇌의 구조에 있다.

많은 사람이 집중력을 정신력의 문제로 생각한다. 정신만 차리면 집중할 수 있고, 의지만 있으면 몇 시간이라도 할 수 있다고 믿는다. 하지만, 이 전제는 틀렸다. 집중력은 정신력이나 근성 등의 의지, 마음먹기에 달린 문제가 아니다. 집중력은 타고난 재능도 아니고 몸 어딘가에 장착된 특별한 능력도 아니다. 그렇다면 집중력은 어디에서 오는 것일까?

정답은 우리의 뇌다. 집중력은 뇌에서 만들어진다. 그러므로 집중력을 키우고 싶다면 뇌의 구조를 이해하고 올바르게 활용하는 것이 가장 빠르고 확실한 방법이다.

집중하고 있다는 느낌이
꼭 맞는 것은 아니다
—

왜 뇌의 구조를 아는 것이 집중력을 키우는 데 도움이 될까? 지금부터 그 이유를 함께 살펴보자.

뇌에서 켜지는 집중력

조금 놀라운 이야기일 수 있지만 '나는 지금 완전히 집중하고 있다', '나는 지금 전혀 집중할 수가 없다'라는 생각이 든다고 해서 실제로 그런 것은 아니다. 다시 말해, 스스로 인식하는 느낌과 실제로 집중하는 현실이 반드시 일치하지 않을 수 있다는 것이다.

집중하고 있는지의 여부는 뇌세포가 얼마나 효율적으로 작동하는가로 판단할 수 있다. 하지만 이것을 정확하게 알려면 머리에 기계를 설치해 관찰하지 않는 한 알 수 없다.

실제로, '나는 완전히 집중하고 있어!'라고 믿었는데 생각지도 못한 어이없는 실수를 하거나 계획한 대로 일이 진행되지 않은 경우가 있을 것이다. 이는 뇌의 능력을 100% 끌어낼 수 있는 올바른 집중력을 사용하지(온전히 집중하지) 못하기 때문에 생기는 현상이다.

왜 이런 일이 일어날까? 정말로 집중하려면 뇌세포를 효율적으로 작동시키는 방법을 실천해야 하기 때문이다. 즉 뇌세포가 효율적으로 작동한다는 것은 뇌가 집중하는 상태라는 의미다.

뇌 과학의 측면에서 보면 집중력과 뇌의 작동 구조는 서로 같다고 할 수 있다. 따라서 집중력을 높이고 싶다면 뇌의 작동 원리를 알고 활용하면 된다. 더 이상 집중하지 못해 고민할 필요가 없는 것이다.

집중할 수 있을까? 왜 집중을 못 하는 걸까? 이런 고민을 하는 대신 어떻게 하면 뇌가 잘 작동할 수 있을까를 이해하는 데 더 많은 시간과 노력을 기울이자. 그러는 편이 더 빨리 행복으로 나아가는 지름길이며, 나아가 집중력을 낳는 원동력이 될 것이다.

집중력을 만드는 뇌의 비밀, 8개 영역의 집중력

—

뇌의 집중 구조는 어떻게 되어 있을까? 태아부터 초고령자에 이르기까지 1만 명 이상의 뇌를 진단한 결과 집중력을 만드는 뇌의 비밀을 밝혀낼 수 있었다. 그 비밀은 2가지로 집중력의 종류가 8가지라는 것과 뇌는 습관을 지니고 있다는 사실이다.

 중요 포인트

뇌 연구로 밝혀진 집중력을 만드는 두 가지 비밀
❶ 집중력은 8가지 종류가 있다.
❷ 뇌에는 고유한 습관이 있다.

자세한 내용은 다음 장에서 계속하기로 하고 여기서는 간단하게 설명한다.

집중력의 종류는 무려 8가지가 있다. 사람들은 집중과 관련된 뇌의 영역이 하나뿐이라고 생각한다. 그래서 집중을 못 할 것 같을 때는 쉽게 포기해 버린다. 하지만 실제로는 집중력이 8종류나 되므로 상황에 맞게 적절히 활용하면 된다.

예를 들어, 집중해서 독서를 할 때 필요한 집중력과 근력 운동을 할 때 필요한 집중력이 다르다고 한다. 따라서 집중력이 하나밖에 없다고 생각하면 다음과 같은 문제가 발생한다.

- 독서에 집중하려면 A라는 집중력이 필요한데 잘못된 B라는 집중력을 사용한다.
- 독서에 집중하려면 A라는 집중력만 있으면 되는데 A, B, C 집중력을 모두 사용한다.

그러면 자신에게 필요한 A 집중력을 제대로 발휘할 수 없게 된다. 다시 말해, 집중의 해상도가 떨어지는 것이다.

그리고 또 하나의 비밀은 뇌가 습관을 지니고 있다는 사실이다. 이것은 개인의 의지와는 상관없이 인간의 본성, 나아가 뇌의 특성상 그렇게 작동하는 구조를 가리킨다. 이 뇌의 습관을 잘 알면 지금까지 어렵기만 했던 일도 쉽게 해결할 수 있다.

반대로 뇌의 습관에 반하는 행동을 하면 아무리 노력해도 뇌가 작동하지 않으므로 집중력을 발휘하지 못하고 만다. 따라서 뇌의 습관을 잘 활용하여 효율적으로 집중하는 방법을 배워 보자.

'그런데 이 책의 저자는 보통 사람과 달리 애초에 집중력이 좋지 않을까?'라고 생각하는 사람도 있을 것이다. 하지만 걱정하지 않아도 된다. 나야말로 줄곧 집중력 부족을 한탄하며 살아온 사람이기 때문이다.

집중력이 부족해서
뇌를 깊이 연구할 수 있었다
—

사실 나도 어떻게 하면 집중력을 유지할 수 있을지 오랜 시간 고민해 온 사람 중 하나다.

나는 어려서부터 독서에는 소질이 없었다. 책상에 앉아 책을 펼치고 읽으려 노력해 보았지만 큰 진전이 없었고 문장을 읽어 내려가지 못해 독서에 집중할 수 없었다.

'왜 책을 읽지 못할까? 글자를 보면 왜 집중력이 흐트러질까?' 나는 서른 살이 넘어 뇌 과학 연구의 길에 발을 들여놓고 나서야 그 이유를 알게 되었다. 글자를 읽는 데 다른 사람보다 두 배 이상의 시간이 걸리는 난독증 장애를 지니고 있었던 것이다. 나열된 글자를 매끄럽게 읽어 내려가지 못하는 뇌의 버릇 때문이었다.

나와 같이 난독증이 있는 사람은 나열된 글자를 어디서 끊어 읽어야 할지 모른다. 때문에 소리 내어 읽는 데 필요한 뇌 영역과 언어를 이해하는 뇌 영역의 연결(네트워크)이 성장하지 못해 제대로 활용하지 못하는 특징이 있다.

2006년 내가 45세였을 때, 직접 개발한 국제 특허 기술인 '뇌 MRI 영상 진단법'을 이용해 자신의 뇌 구조가 일반인과는 다르다는 사실을 알게 되었다. 충격이 아닐 수 없었다. 하지만 결국 이것은 나의 뇌가 가진 개성이라고 눈앞의 진실을 받아들였으며 지금까지 잘 해내 오고 있다.

한편, 나는 글자 하나하나를 읽는 데는 어려움을 겪었지만 한자는 보기만 해도 의미를 알 수 있어 읽기가 쉬웠다. 그래서 15세쯤부터 《반야심경》을 암송하거나 조사를 강조해 읽는 '뇌 활성 조사 읽기'를 통해 소리 내어 말하는 연습을 계속했다. 그 결과 글자를 읽는 데 필요한 뇌 영역이 발달하였고 나는 마침내 난독증을 극복할 수 있었다.

단순히 말을 하고 쓰는 것뿐 아니라 집중력도 뇌와 관련이 있다. 간단히 말해 뇌의 구조 때문이다.

- **뇌가 미발달**: 집중을 못 한다
- **뇌가 발달**: 집중을 잘한다

《반야심경》을 암송했던 것처럼 새로운 도전을 하면 지금까지 사용하지 않았던 뇌 부위가 성장하기 때문에 집중력을 높일 수 있다.

내가 19세 때, 두 번째 의대 입시에 실패하고 이모의 권유로 도쿄도 하치오지시에 있는 다카오산에서 폭포 수행을 했다. 40여 일 동안 매일 폭포를 맞으며 평소와 전혀 다른 환경에서 입시와 상관없는 사람들과 교류하며 지금까지 경험하지 못한 변화를 체험했다. 이를 통해 그동안 잘 사용하지 않았던 뇌 부위를 사용하여 뇌가 전체적으로 성장함으로써 집중력이 향상되었기 때문에 이후 나는 의대에 입학할 수 있었다.

오랫동안 집중력 부족으로 고민했던 나는 40여 년간 뇌를 연구하며 실제로 뇌를 변화시켜 왔다. 그리고 그 과정에서 다음을 확신하게 되었다.

'집중력은 뇌가 만드는 힘이다'
'뇌를 단련하면 나이와 상관없이 집중력이 높아진다'
'집중력을 단련하면 인생이 변한다'

뇌에서 켜지는 집중력

집중력은 누구나 발휘할 수 있고 어떤 나이에도 강화할 수 있다. 그러므로 이 책과 함께 뇌의 구조를 이해하고 집중력 향상을 목표로 노력해 나가자.

가토 토시노리

008   들어가며

프롤로그   **진짜 집중력을 기르기 위해 알아야 할 것**

024   이 책의 특징과 구성

036   듣는 힘이 약하면 왜 회의에 집중하지 못할까?

1장   **뇌 번지로 단련하는 8가지 집중력**

050   먼저 집중력에 대한 정의를 바꿔라

052   뇌는 역할에 따라 8개 영역으로 나뉜다

070   정리 잘하는 사람과 공부 잘하는 사람의 공통점

074   롤 모델과 나의 단련 방식은 다르다

080   칼럼 선생님, 알려 주세요! 진짜 집중력 이야기 ❶

2장   **집중력을 극대화하는 8가지 집중력의 네트워크**

086   어떤 상황이든 집중 시간을 늘리고 싶다면

092   뇌 번지 간의 팀플레이란?

098   칼럼 선생님, 알려 주세요! 진짜 집중력 이야기 ❷

3장 　뇌가 자연스럽게 집중하는 구조 만들기

104 　내키지 않는 마음은 다스릴 수 있다

107 　같은 일을 계속하면 왜 집중력이 떨어질까?

110 　명확한 목표 없이는 시작하지 못한다

114 　마감 시간을 정하면 뇌는 집중한다

119 　자연스럽게 집중 스위치가 켜지는 사고방식

124 　하기 싫은 일의 보상은 좋아하는 일로

129 　뇌가 가장 집중하는 보상은 뭘까?

132 　불가능한 일은 미루고 가능한 일부터

137 　실전에서 집중하려면 준비가 필요하다

142 　칼럼 선생님, 알려 주세요! 진짜 집중력 이야기 ❸

4장   힘들이지 않고 집중 뇌를 만드는 법

148   집중할 때는 화가 많은 사람을 피해라

152   지금 집중을 방해하는 건 과거의 나

155   하루 중 가장 중요한 때는 수면 시간

159   8시간 이상만 자도 집중력이 오른다

167   우선순위가 높은 일은 오전 중에

170   5분만 걸어도 집중력이 회복된다

176   바르게 앉아야 바르게 집중한다

180   멍할 땐 심호흡과 걷기로 뇌를 리셋

183   집중력은 음식에서 비롯된다

187   많이 씹을수록 집중력이 좋아진다

190   칼럼 선생님, 알려 주세요! 진짜 집중력 이야기 ❹

196   마치며

199   참고 문헌

진짜
집중력을
기르기 위해
알아야 할 것

이 책의 특징과 구성

진짜 집중력(8가지)을 기르기 위해 알아야 할 내용을 소개한다.

먼저, 이 책의 중요 포인트를 요약하겠다.

그 전에 다음의 세 가지 키워드(굵은 글씨)를 기억하자.

 중요 포인트

- 뇌는 역할에 따라 8개 영역으로 나뉜다. 이를 **뇌 번지**라 한다.
- 뇌의 2가지 특징은 **뇌의 개성**과 **뇌의 특성**이다.

진짜 집중력을 기르기 위해

—

이 책은 다음과 같은 흐름으로 이야기를 전개한다. 자세한 설명은 1장 이후에 다룰 계획이므로 지금 소개하는 내용은 대략적인 정보로 이해해 두자.

- 뇌 번지마다 각각의 집중력이 있다 ············· **프롤로그**
- 자기 뇌의 개성을 이해하자 ················· **프롤로그**
- 약한 뇌 번지를 단련하자 ····················· **1장**
- 뇌 번지 사이의 연계를 강화하자 ··············· **2장**
- 뇌가 자연스럽게 집중하는 구조를 만들자 ········· **3장**
- 뇌가 작동하기 좋은 상태를 만들자 ············· **4장**

↓ 최종 목표

- 8개 영역의 집중력을 모두 성장시킨다

자신의 무기가 될
8가지 집중력

―

집중력이 8개나 된다는 말을 들었을 때 여러분은 어떤 생각을 했을까? 아마도 '뭐? 집중력이 8종류나 된다고?'라는 의문이 들었을 것이다. 그렇다. 일반적으로 집중력이라고 하면 하나의 능력으로 생각할 수 있다.

책 읽기에 집중해 시간이 순식간에 지나갈 때도, 수업 중에 자세를 한 번도 흐트러뜨리지 않고 선생님의 말씀에 귀 기울일 때도 우리는 한마디로 집중했다고 표현한다. 집중력을 한 가지로 받아들이는 것이다.

하지만, 뇌의 기능 면에서 분석해 보면 집중력은 하나가 아님을 알 수 있다(이것이 집중력을 낳는 비밀 중 하나이다). 분명 독서를 하고 있을 때의 집중력과 선생님의 말씀을 들을 때의 그것은 다르다. 그러면 어떤 차이가 있을까? 집중력의 차이는 뇌 기능의 차이다.

사실, 뇌는 8개의 영역으로 나뉘어 있다. 그리고 각각이 담당하는 역할(기능)이 다르다. 생각하고 판단할 때 활성화되는 영

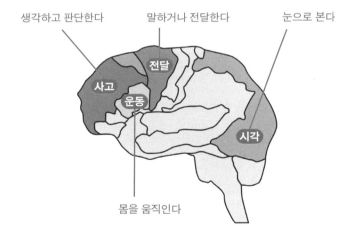

생각하고 판단한다   말하거나 전달한다   눈으로 본다

전달

사고

운동

시각

몸을 움직인다

역, 무언가를 볼 때 활성화되는 영역, 다른 사람에게 무언가를 전달할 때 활성화되는 영역, 운동할 때 활성화되는 영역처럼 무엇을 하느냐에 따라 활성화되는(활발하게 일하는) 뇌의 영역이 달라진다.

집중력의 종류가 다르다는 말은 활성화되는 뇌의 영역이 다르다는 의미다. 예를 들어 독서에 집중하고 있을 때는 뇌 속에 있는 시각 관련 영역이 활발하게 반응하고 선생님의 말씀에 집중할 때는 청각 관련 영역이 활성화된다.

8개 영역
각각의 집중력은?
—

나는 뇌의 8개 영역을 뇌 번지*라 부른다. 무엇을 하는지 그 목적에 따라 활성화되는 뇌 번지가 달라진다. 다시 말해, 각각의 뇌 번지에 해당하는 8가지 집중력이 존재하는 것이다.

---

* 같은 작용을 하는 신경 세포의 집합(영역)과, 그와 관련된 기능을 통틀어 일컫는 개념이다. 인간은 집중하고 있다고 느낄 때 최상의 결과를 낼 수 있다.

중요 포인트

뇌는 8개의 뇌 번지로 나뉘며,
각각 서로 다른 집중력을 만들어 낸다.

생각하는 집중력(생각할 때 발휘되는 집중력)
→ 사고계 뇌 번지에서 담당한다.

전달하는 집중력(정보를 전달할 때 발휘되는 집중력)
→ 전달계 뇌 번지에서 담당한다.

이해하려는 집중력(이해할 때 발휘되는 집중력)
→ 이해계 뇌 번지에서 담당한다.

마음의 집중력(감정이 일어날 때 발휘되는 집중력)
→ 감정계 뇌 번지에서 담당한다.

몸을 움직이는 집중력(운동할 때 발휘되는 집중력)
→ 운동계 뇌 번지에서 담당한다.

보는 집중력(사물을 볼 때 발휘되는 집중력)
→ 시각계 뇌 번지에서 담당한다.

기억하는 집중력(기억을 저장할 때 발휘되는 집중력)
→ 기억계 뇌 번지에서 담당한다.

귀로 듣는 집중력(소리나 목소리를 들을 때 발휘되는 집중력)
→ 청각계 뇌 번지에서 담당한다.

우리의 뇌 속에서 집중력이 발휘되는 상황은 다음과 같이 나타낼 수 있다.

8가지 집중력은 언제 발휘될까?

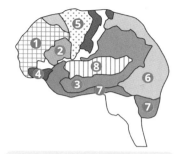

① 생각하는 집중력
(사고계 뇌 번지에서 담당)
- 정해진 시간 안에 공부를 마칠 방법을 생각할 때
- 호감을 얻기 위한 방법을 찾을 때
- 어떻게 게임에 이길지 고민할 때

② 전달하는 집중력
(전달계 뇌 번지에서 담당)
- SNS에 화제성 댓글을 쓸 때
- 재미있게 읽은 책의 내용을 친구에게 이야기할 때
- 여행지에서 먹은 음식의 맛을 전달할 때

③ 이해하려는 집중력
(이해계 뇌 번지에서 담당)
- 새 가구의 조립 도면을 읽을 때
- 퀴즈의 답을 구할 때
- 장황하게 말하는 상사의 의도를 파악하려 할 때

④ 마음의 집중력
(감정계 뇌 번지에서 담당)
- 영화를 보고 감동했을 때
- 라멘 가게에 줄을 서서 기다릴 때
- 시험 합격 발표를 기다릴 때

⑤ 몸을 움직이는 집중력
(운동계 뇌 번지에서 담당)
- 신발 끈을 풀리지 않게 묶을 때
- 흰 선 위를 따라 걸을 때
- 계단을 두 계단씩 뛰어오를 때

⑥ 보는 집중력
(시각계 뇌 번지에서 담당)
- 타자가 친 공을 쫓을 때
- 움직이는 동물의 사진을 찍을 때
- 잡지 페이지를 넘기며 좋아하는 연예인을 찾을 때

⑦ 기억하는 집중력
(기억계 뇌 번지에서 담당)
- 장보기 목록을 외울 때
- 새로운 영어 단어를 암기할 때
- 명함을 교환한 사람의 얼굴과 이름을 기억할 때

⑧ 귀로 듣는 집중력
(청각계 뇌 번지에서 담당)
- 소문에 귀를 기울일 때
- 좋아하는 가수의 노래를 들을 때
- 천둥소리를 들을 때

어떤 집중력이 어느 뇌 번지에서 만들어지는지 살펴보았다. 여기서 한 가지 더 보충한다.

앞에서 이해를 돕기 위해 특정 행동에 집중하려면 그에 맞는 집중력이 필요하다고 설명했다. 그런데 실제로 우리가 어떤 일을 할 때는 8개의 뇌 번지가 서로 연계하여 집중력을 만들어 낸다.

예를 들어 독서에 집중할 때 우리의 뇌는 눈으로 본 정보를 뇌에 저장하는 시각계 뇌 번지에서 만드는 보는 집중력, 책의 내용을 이해하는 이해계 뇌 번지에서 만드는 이해하려는 집중력, 이 두 가지가 서로 연결되어 협력함으로써 독서에 집중하는 힘을 높인다.

독서에 집중 = 보는 집중력 + 이해하려는 집중력 발휘

우리의 뇌에는
습관이 있다
—

집중력을 발휘하는 또 하나의 비밀은 뇌의 버릇을 파악하는 것이다.

우리의 뇌는 언제든지 집중력을 끌어낼 수 있는 것도, 누구나 똑같이 집중할 수 있는 것도 아니다. 뇌는 ○○을 할 때는 집중력을 발휘하지만 △△을 할 때는 집중하지 못하는 자기만의 습관이 있다. 그리고 이것이 집중력에 큰 영향을 미친다.

뇌의 습관은 크게 두 가지로 나눌 수 있다.

- 모든 사람이 공통으로 가지고 있는 뇌의 습관 → **뇌의 특성**
- 습관, 경험 등 성장 과정(유년기 포함)에서 몸에 형성된 그 사람 고유의 습관 → **뇌의 개성**

여러분이 집중력을 강화하고 싶다면 고유한 뇌의 특성과 뇌의 개성을 알아야 한다.

- **뇌의 특성** : 뇌는 어떤 상황에서 집중력을 발휘할까?
- **뇌의 개성** : 나는 어떤 장점과 약점을 가지고 있고, 무엇을 할 때 집중하고, 무엇을 할 때 집중하지 못할까?

이 두 성향을 잘 파악하는 것이 중요하다.

뇌의 특성

—

그렇다면 먼저, 뇌의 특성을 살펴보자. 예를 들어 다음은 모두 뇌의 특성과 관련된 내용이다.

목적이 명확할수록 집중력이 강하다 (사고계 뇌 번지 활성화)	평균 8시간 수면이 집중력에 도움이 된다 (시각계, 청각계 뇌 번지 활성화)
칭찬을 받으면 기쁘다 (감정계, 사고계 뇌 번지 활성화)	마감을 정하면 좀 더 집중할 수 있다 (기억계 뇌 번지 활성화)
숫자로 묶었을 때 쉽게 받아들인다 (이해계 뇌 번지 활성화)	운동 습관이 있는 사람은 집중력이 더 강하다 (운동계 뇌 번지 활성화)

뇌의 개성

—

뇌의 개성이란 간단히 말해 그 사람의 잘하는 것, 못하는 것이나 좋아하는 것, 싫어하는 것을 의미한다. 잘하고 못하는 것, 좋아하고 싫어하는 것은 사람마다 다르며 그것을 결정하는 것은 뇌다.

나는 20년 동안 뇌 MRI 영상을 통해 뇌가 지닌 개성을 진단했다. 그 결과, 그 사람이 지금까지 어떤 일을 얼마나 해 왔는가에 따라 뇌의 성장 방식과 정도가 달라진다는 사실을 알았다. 뇌가 어떻게 반응하는가를 보면 한 사람의 인생 경험을 알 수 있는 것이다.

'운동을 할 때는 집중력을 발휘하지만 의자에 앉아 책을 읽는 것에는 서툴다'

'게임이라면 몇 시간이고 집중하는데 일을 하면 금세 산만해진다'

'선생님 말씀을 듣는 것보다 혼자 책을 읽으면서 공부할 때 더 집중할 수 있다'

이처럼 사람에 따라 집중력을 발휘할 때와 집중하지 못할 때가 다르다. 이 집중력의 차이는 그 사람이 살아온 삶의 경험에서 비롯된다.

앞에서 설명했듯이 뇌는 역할에 따라 8개의 영역으로 나뉘는데 각각의 뇌 번지에서 만들어지는 집중력이 모두 같은 정도로 성장하지 않는다. 뇌는 특성상 반복적으로 계속해서 사용하는 뇌 번지는 강화되고 사용하지 않는 영역은 기능이 발달하지 않는다. 다시 말해 반복해서 자주 사용하는 집중력은 단련되지만 사용하지 않는 집중력은 둔해진다.

어릴 때부터 책을 많이 읽은 사람은 시각과 관련된 보는 집중력(시각계 뇌 번지)이 발달하고 운동 습관이 있는 사람은 운동과 관련된 몸을 움직이는 집중력(운동계 뇌 번지)이 성장한다.

사람마다 뇌의 성장 방식이 다르기 때문에 잘하는 것과 못하는 것, 좋아하는 것과 싫어하는 것도 각기 다르다. 어떤 뇌 번지가 얼마나 발달했느냐에 따라 '어떤 활동을 할 때 집중력을 발휘하는가?', '어떤 활동을 할 때 집중력이 떨어지는가?'가 결정된다.

예를 들어, 선생님의 말씀을 들을 때는 집중을 잘하는데 책을 읽으려고 하면 산만해지는 사람이 있다. 이 사람은 듣는 집중력(청각계 뇌 번지)은 발달한 반면, 보는 집중력(시각계 뇌 번지)은 미발달한 상태라 볼 수 있다. 이 차이는 타고 난 개인차뿐만 아니라 살아온 경험에 의해서도 형성된다. 다시 말해, 듣는 집중력을 사용할 기회는 많았지만 보는 집중력을 사용할 기회가 적었다는 방증인 것이다. 이것을 쉽게 정리하면 다음과 같다.

독서를 어려워하는 사람

- 지금까지 책을 자주 접하지 않았다.

↓

- 시각계 뇌 번지(대상을 볼 때 집중력을 발휘하는 뇌 부위)가 다른 뇌 번지에 비해 성장하지 않았다.

↓

- 시각계 뇌 번지가 성장하지 않아 책을 읽을 때 뇌가 작동하지 않는다.

↓

뇌에서 켜지는 집중력

- 책을 읽으려고 해도 집중이 안 된다(시각계 뇌 번지가 활성화 되지 않는다).

↓

- 독서를 어려워하게 된다.

집중력을 효과적으로 발달시키려면 어떤 뇌 번지가 발달하지 못했는지 파악하고 그 영역을 강화해야 한다. 왜 이런 노력이 필요한지 다음에서 설명한다.

듣는 힘이 약하면 왜 회의에 집중하지 못할까?

자주 사용하는 뇌 번지와 그렇지 않은 뇌 번지의 균형을 맞춰야 한다. 예를 들어 청각계 뇌 번지가 발달하지 않은 사람이 회의에 참석하면 듣는 힘이 약해 집중을 하지 못한다.

청각계 뇌 번지의 기능이 약한 사람이 회의에 참석하면

• 소리와 말을 정보로 잘 받아들이지 못한다.

↓

• 무슨 말을 하는지 이해하지 못한다.
• 잘못 듣거나 오해하는 경우가 많아진다.

↓

• 이야기 내용이 기억에 잘 남지 않는다.

뇌에서 켜지는 집중력

- 이야기의 뜻을 제대로 이해하지 못한다.

↓

- 정보를 이해하지 못하므로 회의에 집중을 못 한다.

사람마다 지금까지 살아온 생활 습관과 경험이 다르기 때문에 각자의 뇌 번지 발달 수준도 달라진다. 그리고 이 차이가 그 사람이 잘하고 못하는 것의 차이를 만들어 낸다.

운동선수는 운동계 뇌 번지(신체를 움직이는 집중력)가 발달하고, 연구자는 이해계 뇌 번지(새로운 지식을 받아들이는 집중력)가 발달한다. 운동선수가 은퇴 후 해설가가 되면 운동할 기회는 줄고 사람들 앞에서 말하는 경험이 많아지면서 전달계 뇌 번지가 발달하게 된다. 다시 말해, 반복적인 경험을 하면 특정 뇌 번지와 그에 따른 집중력이 함께 성장해 나간다.

한편, 어떤 일을 능숙하게 처리하지 못한다면 그것은 해당 뇌 번지와 그에 동반되는 집중력이 성장하지 못했기 때문이다. 예를 들어 운동에 소질이 없는 사람은 운동 능력이 없는 것이 아니라 운동계 뇌 번지를 사용할 기회가 적어 뇌 번지(신체를 움직이는 집중력)가 발달하지 못한 것뿐이다. 다시 말해, 뇌 번지가 미숙하다는 말은 아직 성장할 여지가 있다고 바꾸어 말할 수 있다.

운동계 뇌를 단련해 제대로 활용할 수 있게 되면 운동에 대한 거부감이 줄고 몸을 움직일 때 필요한 집중력을 키울 수 있다.

나의 고등학교 시절 친구인 T는 수업 시간에 선생님을 거의 보지도 않고 필기도 하지 않았지만 줄곧 정면을 응시하던 나보다 훨씬 성적이 좋았다. 지금 와서 생각해 보면, 그는 청각계 뇌 번지와 이해계 뇌 번지가 발달한 유형이었을 것이다. 칠판을 보지 않아도 선생님의 말씀을 놓치지 않고 들으면서 그 내용을 이해했던 것이다. 같은 수업을 들으면서도 T가 나보다 우수했던 이유는 자신의 발달한 뇌 번지(집중력)를 효율적으로 활용했기 때문이라 생각한다.

여기까지 살펴보았다면 여러분은 다음의 상관관계를 이해했을 것이다.

- (특정) 뇌 번지의 발달 → (그 뇌 번지에 해당하는) 집중력이 향상된다.
- (특정) 뇌 번지의 미발달 → (그 뇌 번지에 해당하는) 집중력이 부족하다.

설명할 때 좀 더 이해하기 쉬운 용어를 사용하기도 하지만 기본적으로 뇌 번지 = 집중력이라고 정리하면 문제가 없을 것이다.

뇌에서 켜지는 집중력

약한 영역을 그대로 두면
더욱 나빠질 수도

—

사람마다 잘하고 못하는 능력은 해당 뇌 기능의 발달 여부에 따라 결정된다. 예를 들어, 어떤 사람이 자격증 공부를 하려 마음먹고 참고서를 펼쳤다. 이때, 발달이 느린 뇌 번지가 있으면 공부에 집중하지 못할 수도 있다.

● 시각계 뇌 번지의 발달이 늦으면
참고서에 적힌 정보를 받아들이거나 장시간 책 읽기가 어려워 공부 진도가 나가지 않는다.

● 사고계 뇌 번지의 발달이 늦으면
어려운 책을 읽어야 하는 목적이나 의욕을 느끼지 못하므로 어려운 참고서를 읽으려고 하면 집중이 안 된다.

● 이해계 뇌 번지의 발달이 늦으면
참고서 내용을 빠르게 이해하지 못한다. 또한 이 영역이 미발달한 사람은 '좀 더 공부하고 싶다', '좀 더 알고 싶다'라는 지적 호기심이 생기지 않으므로 공부에 싫증을 느낀다.

● 기억계 뇌 번지의 발달이 늦으면

정보를 외우고 기억하는 데 익숙하지 않아 진전이 없는 공부에 좌절을 느낀다.

결국 발달이 늦은 뇌 번지 = 자신의 약점이 된다. 그리고 인간은 자신이 서툰 약점은 피하려는 경향이 강하다. 그렇게 되면 잘하는 영역의 뇌 번지는 점점 더 발달하지만 사용하지 않는 뇌 번지는 성장하지 못한다.

평소에 거의 사용하지 않는 뇌 번지를 그대로 두면 어떻게 될까? 시간이 지나고 나이가 들면서 점점 퇴화하게 된다. 그리고 뇌 번지가 퇴화하면 집중력도 함께 저하된다. 뇌의 노화를 막고 집중력을 높이려면 목적에 맞게 다양한 뇌 번지를 적극적으로 활용해야 한다.

나의 뇌는 집중하기 쉬운 뇌?
집중하기 어려운 뇌?

—

지금 여러분의 뇌는 어떤 뇌 번지가 발달했고, 어떤 뇌 번지가 미발달했을까? 이를 파악할 수 있도록 셀프 분석용 '뇌 번지 성장 체크리스트'를 준비했다. 각 뇌 번지별로 8개 항목이 제시

되어 있으니 해당하는 부분에 체크해 보자.

‘○○을 할 때는 집중이 잘됐다’
‘○○을 할 때는 집중하기 어려웠다’
‘○○을 할 때는 한 시간을 계속해도 집중력이 전혀 흐트러지지 않았다’
‘○○을 할 때는 바로 의욕을 잃고 20분 이상 지속하지 못했다’

이처럼 자신이 집중할 수 있을 때와 집중하지 못할 때를 분석해 보면 뇌의 특성을 파악하기 쉽다(이 책은 어떤 유형의 사람이라도 집중력을 성장시킬 수 있게 구성했다).

어떤 일을 할 때 집중이 잘 될까? 집중이 잘 안될 때는 언제일까? 체크한 항목의 개수가 많은 뇌 번지는 성장이 늦거나 뇌가 피로해 집중력을 제대로 발휘하지 못하는 상태일 수 있다(8개 중 5개 이상은 주의!). 반면, 체크한 개수가 적을수록 해당 뇌 번지가 어떤 상황에서도 집중할 수 있는 상태라고 볼 수 있다(2개 이하면 우수!).

이 책의 목적은 체크 항목의 수를 줄이는 것이다. 다시 말해, 뇌를 집중할 수 있는 상태로 만들고, 8개 영역의 뇌 번지를 최대한으로 활용할 수 있게 단련하는 것이다.

자기 분석용 뇌 번지 성장 체크리스트

사고계 뇌 번지(생각하는 집중력) 성장 체크

- ☐ 멀티태스킹이 어렵다(한 가지씩 처리하는 편이 좋다).
- ☐ 다른 사람에게 자신의 의견을 설명하는 데 서툴다.
- ☐ 자제력이 부족하고 쉽게 감정을 다스리지 못한다.
- ☐ 실행력이 약하여 선뜻 일을 시작하지 못한다.
- ☐ 새로운 도전에 거부감이 크다.
- ☐ 부탁을 받으면 거절하지 못한다.
- ☐ 리더로서의 경험이 적다.
- ☐ 결정을 내리는 데 시간이 걸린다.

전달계 뇌 번지(전달하는 집중력) 성장 체크

- ☐ 다른 사람과의 대화가 서툴다.
- ☐ 여러 명이 함께 있는 것보다 혼자 있는 것이 편하다.
- ☐ 사람들 앞에서 말할 때 점점 목소리가 커진다.
- ☐ '그 말은 하지 말 걸' 하고 후회하는 일이 있다.
- ☐ 편지나 이메일을 쓰기가 귀찮다.
- ☐ 내가 한 말을 오해받을 때가 있다.
- ☐ 자신의 생각이나 감정을 잘 전달하지 못한다.
- ☐ '무슨 말을 하려는지 잘 모르겠다'라는 지적을 받은 적이 있다.

이해계 뇌 번지(이해하려는 집중력) 성장 체크

- ☐ 모르는 것을 그대로 넘기는 경우가 많다.
- ☐ 지도를 읽는 데 익숙하지 않다.
- ☐ 상대의 입장이나 감정을 고려해 말하는 데 서툴다.
- ☐ 상대방의 이야기를 듣지 않고, 자기 이야기만 한다.
- ☐ 다른 세대와 소통하는 데 약하다.

☐ 정리정돈을 잘 못한다.
☐ 말의 숨은 의미를 이해하는 데 서툴다.
☐ 예술 작품의 의도를 잘 파악하지 못한다.

감정계 뇌 번지(마음의 집중력) 성장 체크

☐ '표정이 부족하다'라는 지적을 받은 적이 있다.
☐ 다른 사람의 이야기에 공감하지 못할 때가 많다.
☐ 화가 나면 얼굴에 드러난다.
☐ 감정을 표현하는 데 서툴다.
☐ 앞으로의 인생을 비관한다.
☐ 드라마나 영화를 보고 잘 울지 않는다.
☐ 식사, 담배, 술로 스트레스를 푼다.
☐ 다른 사람의 의견에 쉽게 휩쓸린다.

운동계 뇌 번지(몸을 움직이는 집중력) 성장 체크

☐ 잘 걷지 않는다(하루 평균 6,000보 이하).
☐ 외출을 잘 하지 않는다.
☐ 데스크 업무가 많다.
☐ 옷 개는 것을 싫어한다.
☐ 오른손잡이라면 왼손, 왼손잡이라면 오른손을 잘 쓰지 못한다.
☐ 계획했던 걸 행동으로 잘 옮기지 못한다.
☐ 몸을 움직이는 것이 서툴다.
☐ 재빠르게 움직이지 못한다.

시각계 뇌 번지(보는 집중력) 성장 체크

☐ 물건을 잘 찾지 못한다.
☐ 혼잡한 곳에서 걸을 때 부딪칠 뻔하거나 실제로 부딪힌다.

- [ ] 영화관이나 미술관에 좀처럼 가지 않는다.
- [ ] 하늘을 거의 올려다보지 않는다.
- [ ] 책이나 신문을 잘 읽지 않는다.
- [ ] 정리를 잘 못한다.
- [ ] 길을 자주 헤맨다.
- [ ] 미적 감각(아름다움을 느끼는 감각)이 부족하다.

기억계 뇌 번지(기억하는 집중력) 성장 체크

- [ ] 자기 자랑을 많이 한다.
- [ ] 깜빡 잊는 일이 많다.
- [ ] 일기를 써 본 적이 없다.
- [ ] 사람의 이름이 잘 기억나지 않는다.
- [ ] '그 이야기는 이미 들었어'라는 말을 자주 듣는다.
- [ ] 마감 기한을 잘 지키지 못한다.
- [ ] 내릴 정거장을 자주 놓친다.
- [ ] 사람들 앞에서 말할 때 "어…", "저…" 등의 말을 자주 사용한다.

청각계 뇌 번지(듣는 집중력) 성장 체크

- [ ] 이야기를 듣는 것이 서툴다.
- [ ] 말을 잘못 알아듣는 일이 많다.
- [ ] 놓치는 말이 많다.
- [ ] 들은 내용을 바로 잊어버린다.
- [ ] 시끄러운 장소를 싫어한다.
- [ ] 소음이 심한 곳에서는 대화하기 어렵다.
- [ ] 소리 내어 읽기가 서툴다.
- [ ] 리듬 감각이 좋지 않다.

자, 체크 결과는 어땠을까? 뇌 번지를 발달시키는 구체적인 방법에 관해서는 다음 장에서 소개한다.

결국, 집중력을 강화하려면
어떻게 해야 할까?
—

지금까지 여러 설명을 했지만 결국 집중력을 향상하는 핵심은 다음 두 가지다.

- 뇌의 개성을 이해하고 8개 영역의 뇌 번지를 모두 성장시킨다.
- 뇌의 특성을 이해하고 뇌가 활성화하기 쉬운 상태를 만든다.

이 책에서는 뇌의 특성을 활용한 집중력 향상 방법과 뇌의 개성을 고려한 뇌 단련법에 관해 소개한다. 아무리 그렇다 해도 갑자기 8종류의 뇌 번지를 모두 성장시키라고 하면 부담스럽게 느껴질 수 있다. 하지만 걱정할 것 없다. 우선, 자신의 약한 집중력부터 단련하면 되는 것이다. 이를 위해서는 자신의 약한 뇌 개성의 원인인 약한 뇌 번지를 파악하는 것이 중요하다.

사람마다 이미 발달한 뇌 번지와 아직 미발달한 뇌 번지가 각기 다르다. 따라서 자기 뇌의 특성을 이해한 후에 약한 부분을 강화하면 된다. 지금 자신이 할 수 있는 것부터 하나씩 시작해 보자.

뇌 번지로 단련하는

8가지 집중력

먼저 집중력에 대한 정의를 바꿔라

집중력의 의미를
사전에서 찾아보면

—

사전에서 집중력의 의미를 찾아보면 '마음과 주의를 집중할 수 있는 힘'이라고 정의한다. 그러나 나는 집중력은 뇌가 만드는 기능임을 전제로 집중력을 다음과 같이 정의하고 싶다.

뇌 과학과 뇌내과(뇌 기능과 병태를 연구하고 다루는 임상 분야)의 관점에서 보자면 집중력은 스스로 뇌의 기능을 최상의 상태로 만드는 능력이며, 하나의 목표를 향해 뇌세포가 원활하게 협력하여 높은 성과를 내는 상태가 곧 집중력이 높은 상태인 것이다.

뇌의 기능을 최상의 상태로 만들고, 뇌세포의 연계를 활성화한다고 말하면 '무슨 뜻이지? 좀 어려운데'라고 느낄 수도 있다. 집중력을 높이려면 뇌의 작동 원리를 아는 것이 매우 중요하므로 지금부터는 뇌의 구조에 관해 가능한 한 쉽게 설명하겠다.

뇌는 역할에 따라 8개 영역으로 나뉜다

뇌의 영역을 구분하고
알게 된 것

―

먼저, 뇌 번지에 관해 충분히 이해하고 있는지 복습해 보자.

우리 인간의 뇌에는 1,000억 개 이상의 신경 세포가 있다. 이 신경 세포는 정보를 전달하고 처리하는 역할을 한다. 그리고 신경 세포는 각각의 전문 분야가 있다. 운동을 담당하는 세포, 청각을 담당하는 세포, 기억을 담당하는 세포 등 특기 분야가 같은(동일한 작용을 하는) 세포들이 집단을 이룬다.

예를 들어, 회사 내에 영업부, 개발부, 기획부, 홍보부 등 역할별로 부서가 나뉘어 있는 것과 마찬가지다. 뇌 안에도 운동을 담당하는 영역, 기억을 담당하는 영역, 사고를 담당하는 영역 등 영역마다 고유한 역할이 정해져 있다.

이러한 같은 역할을 하는 신경 세포의 집합을 나는 뇌 번지라고 이름 붙였다. 다시 말해, 영역별로 다르게 기능하는 뇌를 하나의 지도로 보고 기능마다 번지(주소)를 부여한 것이다. 이 뇌 번지는 1만 장 이상의 뇌 MRI 영상을 분석한 경험을 바탕으로 내가 확립한 개념이다.

8개 영역의 뇌 번지가 만드는
집중력의 특성을 이해한다
—

뇌에는 좌뇌와 우뇌에 각각 60개씩, 총 120개의 뇌 번지가 존재한다. 이들을 기능별로 분류하면 8개 계통으로 나눌 수 있다. 이 8개 뇌 번지의 구조를 이해하고 각 뇌 번지 간의 협력이 활발하게 이루어지면 집중력이 향상된다. 그럼, 각 뇌 번지가 만드는 집중력의 특성과 효과적인 트레이닝 방법을 함께 살펴보자.

❶ 생각하는 집중력(사고계 뇌 번지)
스스로 사고하고 신속하게 행동한다

생각, 판단, 의욕, 창조, 계산과 관련된 집중력이다. 이 영역의 뇌 번지가 활발하게 작용하면 사고할 때 집중력이 향상된다.

사고계 뇌 번지는 대뇌의 앞쪽에 위치하며, 목표를 실현하기 위해 다른 뇌 번지에 지시를 내리는 컨트롤 타워다. 사고계 뇌 번지가 발달하면 도전하려는 의욕과 판단력이 우수하고 뇌 전체가 활성화된다.

● 생각하는 집중력이 뛰어난 사람의 특징

- 새로운 일을 귀찮아하지 않고 도전한다.
- 바로 행동하는 판단이 가능하다.
- 멀티태스킹에 능숙하다.
- 어려운 책을 읽거나 대화하는 것에 적극적이다.
- 신속하게 판단할 수 있다.

● 생각하는 집중력을 단련하는 훈련

- 20자 정도로 그날의 목표를 세운다

'귀가 후에 1시간 정도 걷는다', '야근을 하지 않고 그날의 업무를 모두 마친다'처럼 하루 한 가지라도 좋으니 20자 정도로 그날의 목표를 생각해 보자. 글자 수를 제한하면 사고계 뇌 번지가 활성화된다.

• 잠자기 전에 그날 집중한 것과 집중하지 못한 것을 떠올려 본다

예를 들어 '평소 30분이면 끝내던 일이 1시간이나 걸렸다. 원인이 무엇일까?', '오늘은 쉬어야겠다는 생각 없이 집중력이 유지됐다. 평소와 뭐가 달랐을까?', '오늘 마무리하지 못한 일은 언제 처리하면 좋을까?' 등 이렇게 하루를 돌아보면 사고계 뇌 번지가 활성화된다.

• 책을 펼치고 10초 내로 읽을 부분을 결정한다

경제 경영서, 실용서, 참고서 등 항목별로 완결되어 있고 어디서부터 읽어도 상관없는 책을 구한다. 그리고 목차를 펼치고 10초 이내에 어느 항목을 읽을지 결정한 다음, 실제로 몇 페이지를 읽는다. 10초 정도의 짧은 시간 내에 결정하기 때문에 사고계 집중력을 강화할 수 있다.

❷ 전달하는 집중력(전달계 뇌 번지)
말하거나 글을 쓸 때 활성화된다

의사소통과 관련된 집중력은 전달계 뇌 번지에서 형성된다. 단순한 언어뿐 아니라 몸짓, 표정, 사진, 영상, 그림 등 무언가를 누군가에게 전달할 때 작용한다.

전달계 뇌 번지는 무엇을 어떤 순서로 전달할 것인가를 선택

하고 상대가 이해하기 쉽게 표현하는 역할을 담당한다.

- **전달하는 집중력이 높은 사람의 특징**
  - 처음 만난 사람과도 자연스럽게 대화를 이어갈 수 있다.
  - 인간관계가 폭넓다.
  - 적절한 단어를 빠르게 찾아낸다.
  - 자신의 말이 잘 전달되고 있는지 상대의 표정을 보고 파악할 수 있다.

- **전달하는 집중력을 단련하는 훈련**
  - 상대방의 대화 습관을 찾으면서 이야기를 듣는다

  대화 습관(키워드)을 찾기 위해서는 집중해서 상대방의 이야기에 귀를 기울여야 한다. 전달계 뇌 번지는 상대에게 전달할 때뿐 아니라 다른 사람의 이야기에서 정보를 얻을 때도 자극을 받는다. 대화 습관을 찾는다는 목적을 정해 놓으면 뇌는 집중해서 키워드를 찾게 된다.

  - 1주일 동안 하고 싶은 일 리스트 만들기

  매주 일요일에 이번 한 주 동안 하고 싶은 일을 적는다. 달력에 '일과 공부 등 해야 할 일', '내가 하고 싶은 일', '도전하고 싶은 일'과 같이 적어두면 행동 계획이 명확해진다. 이 목록은 스스로 언제 무엇을 할 것인가를 지시하는 도구로 작용해 뒤로 미루는 습관을 예방할 수 있다.

• 가게 주인(낯선 사람)에게 말을 걸어 본다

예를 들어 카페에서 직원에게 "이 원두의 산지가 어디예요?", "가장 인기 있는 커피가 뭐예요?"라고 말을 걸어 보자. 낯선 사람에게 말을 걸 때는 상대방에 대한 사전 지식도 없고 반응도 예측할 수 없다. 순발력이 요구되는 연습 없는 실전 의사소통에 도전해 보면 전달계의 집중력이 깨어난다.

❸ 이해하려는 집중력(이해계 뇌 번지)
정보를 빠르고 정확하게 이해한다

눈이나 귀를 통해 들어오는 정보를 이해하는 집중력은 이해계 뇌 번지에서 형성된다. 모르는 것을 추론하여 이해할 때도 발휘된다.

이해계 뇌 번지는 언어를 담당하는 좌뇌와 비언어(도형·공간 등)를 담당하는 우뇌로 나뉜다. 우뇌의 이해계 뇌 번지를 단련하려면 독서, 좌뇌의 이해계 뇌 번지를 자극하려면 정리 정돈이 효과적인 방법이다.

● 이해하려는 집중력이 강한 사람의 특징

- 새로운 도전을 두려워하지 않는다.
- 지도를 잘 읽는다.
- 상대가 이해하기 쉽게 말하고 글을 쓴다.
- 대화를 통해 상대의 의도를 추측할 수 있다.
- 더 알고 싶어 하는 호기심이 강하다.

● 이해하려는 집중력을 단련하는 훈련

• 예전에 읽은 책을 다시 읽는다

10년 전에 읽은 책을 다시 보면 뇌가 성장한 만큼 새로운 발견을 할 수 있다. 과거에 읽었을 때는 깨닫지 못하고 놓쳤던 내용들이 보이면서 이해력이 깊어진다.

• 외출 전 10분 동안 가방 속을 정리한다

예를 들어, 집을 나서기 전에 10분의 시간을 정해 놓고 가방을 정리해 보자. '가방 속은 지금 어떤 상태일까?', '무엇을 어떻게 정리할 수 있을까?'를 제한된 시간 안에 파악하고 처리해야 하므로 이해계 집중력이 활성화된다.

- **좋아하는 것과 싫어하는 것을 10개씩 적는다**

집중력은 좋고 싫음에 영향을 받는다. 자신이 좋아하는 일, 잘하는 일은 시간 가는 줄 모르고 몰입할 수 있다. 반대로 싫어하거나 서툰 일을 할 때는 집중력이 떨어진다. 자신이 좋아하는 일, 싫어하는 일을 명확하게 인식하고 좋아하는 일부터 처리하면 이해계 뇌 번지가 활성화된다.

- **관심 있는 뉴스 기사를 읽은 뒤에 판단의 시간을 갖는다**

뇌는 다른 사람이 쓴 글의 내용을 그대로 받아들이는 버릇이 있다. 따라서 이해계 뇌 번지의 발달을 위해 SNS나 인터넷에서 뉴스를 읽고 나서 머릿속으로 '왜 그렇게 되었을까?', '무슨 이유에서?' 등의 물음을 던져본다. 그러면 뇌가 그 이유를 찾으려 노력하고 이 행동이 이해계 뇌 번지를 활성화하는 결과를 가져온다.

❹ 마음의 집중력(감정계 뇌 번지)
설레면 행동력을 발휘한다

희로애락과 관련된 집중력은 감정계 뇌 번지와 연결되어 있다. 그런데 이 영역은 노화 속도가 느린 것이 특징이다.

감정계 뇌 번지는 사고계 뇌 번지와 관계가 깊어 생각을 억

제하는 역할도 한다. 감정계 뇌 번지를 단련하려면 자신의 기분을 표현하거나 평소와 다른 일에 도전해 감정을 움직이는 것이 중요하다.

- **마음의 집중력이 높은 사람의 특징**
  - 두근두근하고 가슴이 설렐 때 뛰어난 행동력을 발휘한다.
  - 무엇인가 해 보고 싶다는 욕구를 지니고 있다.
  - 다른 사람의 감정에 공감한다.
  - 스스로에게 자신감을 가진다.
  - 화를 잘 내지 않는다.

- **마음의 집중력을 단련하는 훈련**
  - **스스로 칭찬하고 싶은 일을 기록한다**

  '오늘은 아침부터 시간을 낭비하지 않았다', '출근길에 졸지 않고 책을 읽었다', '어제보다 일찍 일어났다' 등 사소한 내용이라도 상관없다. 자신을 칭찬하면 감정계 뇌 번지뿐 아니라 사고계 뇌 번지도 자극을 받아 두 영역이 자연스럽게 연결된다.

- **"집중할 수 있다"라고 소리 내어 말한다**

"집중할 수 있다", "10시부터 시작한다", "11시까지 끝낼 수 있다"라고 목표를 소리 내어 말하는 것 자체만으로도 감정 계, 청각계, 전달계 뇌 번지가 자극을 받아 동기 부여를 높일 수 있다.

- **눈을 감고 한쪽 발로 선다**

짜증이 나거나 집중력이 떨어져 지칠 때 효과적인 운동법이 다. 눈을 감고 30초를 세면서 한 발로 서 보자. 그러면 그때 까지 사용하던 뇌 번지에서 다른 뇌 번지로 바뀌어(뇌 번지 전 환) 뇌가 맑아지고 집중력이 회복된다.

- **거울 앞에서 웃는 표정 세 가지를 만든다**

슬프거나 화가 나는 등 감정이 불안정할 때는 거울을 보거나 스마트폰 카메라에 자신을 비추어 보는 방법도 좋다. 그리고 자신의 눈을 보며 평소와는 다른 세 가지 웃는 표정을 지어 보자. 이렇게 하면 마음의 집중력이 강해진다.

❺ 몸을 움직이는 집중력(운동계 뇌 번지)

바로 행동할 수 있다

손, 발, 입 등 몸 전체를 움직이는 집중력은 운동계 뇌 번지가 담당한다. 실제로 몸을 움직이지 않아도 어디를 어떻게 움직일지 상상하기만 해도 이 뇌 번지가 활성화된다. 반면, 운동계 뇌 번지의 기능이 약하면 몸을 움직이는 동작이 다소 둔할 수 있다.

운동계 뇌 번지는 8개 뇌 번지 중에서 가장 빨리 발달한다고 알려져 있다. 다른 뇌 번지와 밀접하게 연결되어 있으므로 이 영역을 단련하면 뇌 전체가 활성화된다.

● **몸을 움직이는 집중력이 발달한 사람의 특징**

• 빠르게 움직일 수 있다.

• 오랜 시간 일해도 지치지 않는다.

• 글씨 쓰는 것이 힘들지 않다.

• 손재주가 좋아 정교한 작업을 잘한다.

● **몸을 움직이는 집중력을 단련하는 훈련**

• **앉았다 일어났다를 반복하다**

'어렵겠는데', '귀찮아'라는 생각이 들면서 집중이 안 될 때는 앉았다 일어나기를 반복하거나 앉은 상태에서 어깨를 돌리는 등 간단한 운동을 한다. 이런 동작을 반복하기만 해도 집중력의 스위치를 올릴 수 있다.

• 장소를 이동한다

장소를 바꾸거나 좋아하는 공간으로 자리를 옮기는 것처럼 몸을 움직이면 운동계 뇌 번지가 자극을 받아 집중력이 회복된다. 학교나 회사처럼 자리를 바꾸기 어려운 경우에는 잠시 자리에서 일어나 화장실을 다녀오기만 해도 효과를 볼 수 있다.

• 좋은 문장을 옮겨 적는다

책, 신문 기사 등의 문장을 그대로 정성스럽게 옮겨 적으면 운동계 뇌 번지를 비롯해 시각계 뇌 번지와 이해계 뇌 번지를 활성화할 수 있다. 오자 없이 정확하게, 글씨의 크기를 읽기 쉽게 고려하면서 쓰면 집중력을 발휘할 수 있다.

❻ 보는 집중력(시각계 뇌 번지)
눈으로 본 정보를 정확하게 파악한다

눈으로 본 영상, 이미지, 글 등의 정보를 처리할 때 작용하는 집중력은 시각계 뇌 번지와 관계가 있다. 독서가 힘든 사람은 보는 집중력(시각계 뇌 번지의 기능)이 약할 가능성이 있다.

시각계 뇌 번지는 '보는 번지', '동작을 감지하는 번지', '분별하는 번지' 세 가지로 구성된다. 분별이란 경험과 기억, 선호도를 바탕으로 좋고 나쁨을 판단하는 것이다.

● 보는 집중력이 뛰어난 사람의 특징

- 장시간 독서를 해도 힘들지 않다.
- 오판하는 경우가 적다.
- 많은 정보를 얻을 수 있다.
- 사람이 많은 곳에서도 잘 부딪치지 않는다.
- 틀린 그림 찾기를 잘한다.

● 보는 집중력을 단련하는 훈련

- 하루 한 장씩 사진을 찍는다

'멋지다', '맘에 들어', '예쁘다'라고 생각한 대상을 하루에 한 장씩 사진으로 담아 보자. 무턱대고 셔터를 누르지 말고 구도와 밝기 등을 생각하면서 작품을 만든다는 생각으로 찍는다. 그러면 대상을 집중해서 관찰하기 때문에 시각계 뇌 번지가 강화된다.

- **매일 같은 창문으로 같은 하늘을 본다**

보는 행위는 무언가를 보고, 움직임을 감지하고, 차이를 구분하는 세 가지 요소를 포함한다.

이 세 가지를 동시에 단련하는 방법이 있다. 바로 하늘을 보는 것이다. 매일 같은 위치에서 하늘을 보면 보는 집중력(세 가지 요소)이 단련되어 주의 깊게 사물을 살피고 변화를 감지할 수 있게 된다.

- **영상을 빠른 속도로 본다**

영상을 배속으로 보면 좀 더 주의를 기울여 보기 때문에 집중력이 향상된다. 긴 영상에서 필요한 부분만 찾거나 드라마나 영화의 줄거리를 빠르게 이해해야 하는 경우에 적합한 방법이다(세부적인 묘사까지 확인해야 할 경우에는 적절하지 않다).

❼ 기억하는 집중력(기억계 뇌 번지)
본 것, 들은 것을 떠올린다

정보를 저장하고 기억한 것을 떠올릴 때 작용하는 집중력은 기억계 뇌 번지에서 담당한다. 기억계 뇌 번지는 해마(좌우 측두엽 안쪽에 위치)와 인접한 영역으로 기억의 형성과 축적에 깊이 관여한다.

기억계 뇌 번지가 제대로 작용하는 사람은 기억을 잘하고, 쉽게 잊지 않으며 계획적으로 행동하는 특징이 있다.

● **기억하는 집중력이 뛰어난 사람의 특징**
- 한 번 들으면 좀처럼 잊지 않는다.
- 과거의 일을 생생하게 기억한다.
- 물건을 잘 잃어버리지 않는다.
- 약속한 날짜를 잘 지킨다.
- 하루를 계획적으로 생활한다.

● **기억하는 집중력을 단련하는 훈련**
• 전날 있었던 일을 세 가지 메모한다

아침에 일어나 전날의 일을 떠올려 보고 기억해 두고 싶은 세 가지를 적어 둔다. 경험한 기억을 되짚어 보면 기억의 서랍을 늘릴 수 있다.

• 1시간 동안 세 가지 일을 한다

한 가지 일을 계속해서 하면 질릴 수 있기 때문에 1시간에 세 가지 일을 하면 기억계 뇌 번지를 깨울 수 있다(5~6개 이상 너무 많은 일을 하면 집중할 수가 없다). 세 가지 일을 정하고 나면

'20분 → 20분 → 15분 → 5분 휴식'과 같이 시간을 배분한다. 마감 시간을 설정하면 집중력이 잘 흐트러지지 않는다.

• 30분 일찍 자고, 30분 일찍 일어난다

수면 시간과 기상 시간을 앞당겨 수면 중 기억 정착을 돕고, 아침에 상쾌하게 일어나 오전의 집중력을 높이면 기억계 뇌 번지가 강화되는 효과를 얻을 수 있다. 이 습관을 한 달간 지속해보자. 확실히 기억력이 개선되는 것을 실감할 수 있을 것이다.

❽ 듣는 집중력(청각계 뇌 번지)
많은 정보를 얻을 수 있다

귀로 들은 말이나 소리의 정보를 뇌에서 처리할 때 작용하는 집중력은 청각계 뇌 번지에서 활성화된다. 청각계 뇌 번지는 듣는 집중력을 관장하기 때문에 이 영역이 작동하지 않으면 다른 사람의 말에 집중하지 못한다.

또한 들은 내용을 이해계, 기억계 뇌 번지와 연계하여 이해하고 저장한다.

● 듣는 집중력이 뛰어난 사람의 특징

• 들은 내용을 오해하는 일이 적다.

- 악기 소리를 분간할 수 있다.
- 소리 내어 읽기를 잘한다.
- 작은 소리도 잘 듣는다.

듣는 집중력을 단련하는 훈련

• 바람, 파도, 새소리 등 자연의 소리에 귀를 기울인다

언어 이외의 음성 정보는 우뇌 쪽 청각계 뇌 번지에서 처리한다. 바람, 파도, 새소리 등 자연의 소리에 귀를 기울이면 청각계 뇌 번지를 단련할 수 있다.

• 매일 라디오를 듣는다

라디오는 듣는 힘을 기르는 가장 손쉬운 방법이다. 실험 결과, 라디오를 들으면 기억계 뇌 번지는 최대 2.4배, 청각계 뇌 번지는 최대 2배까지 성장하는 것으로 밝혀졌다.

라디오를 들을 때는 잠들기 전 방을 어둡게 하고 듣기를 추천한다. 라디오가 없을 때는 방의 불을 끄고 다음 날 일정을 10번 소리 내어 말해 보자. 이것만으로도 효과를 기대할 수 있다.

• 들은 내용을 빠르게 메모한다

메모를 하는 행위는 '듣기 → 쓰기'의 과정이다. 일상적으로 메모를 하면 적기 위해 집중해서 듣는 습관이 몸에 배므로 청각계 뇌 번지가 성장한다.

• 거리에서 들려오는 대화에 귀를 기울인다

사람들로 북적거리는 카페나 지하철, 버스 안에서 이야기하는 사람들의 대화에 귀를 기울여 보자. 많은 소음 속에서 특정 대화를 들으려 하면 뇌가 능동적으로 소리를 수집하려고 노력하기 때문에 청각계 뇌 번지가 활성화된다.

생각하는 집중력, 마음의 집중력, 전달하는 집중력, 몸을 움직이는 집중력은 출력과 관련이 있다. 주로 전두엽(뇌의 앞부분)에 모여 있는 것이 특징이다. 반면, 이해하려는 집중력, 듣는 집중력, 보는 집중력, 기억하려는 집중력은 입력과 관계가 있다. 이것은 뇌의 뒷부분에 모여 있다(단, 마음의 집중력과 보는 집중력은 입력과 출력 모두 관련이 있다).

지금까지 8가지 집중력을 강화하는 방법을 소개했다. 이러한 여러 집중력을 동시에 단련하는 방법이 있다. 그것은 바로 정리 정돈이다. 정리 정돈이 집중력 향상에 어떤 긍정적인 영향을 주는지 자세히 살펴보겠다.

정리 잘하는 사람과 공부 잘하는 사람의 공통점

정리는 체계적인
집중력 트레이닝
—

과거 만 명 이상의 사람을 대상으로 뇌 개성을 분석하는 MRI 진단을 시행했다. 그 결과, 'A를 잘하면 B도 잘한다', 'C에 서툰 사람은 D도 못 할 가능성이 높다'와 같은 개인의 강점과 약점 사이의 연관성(공통점)이 밝혀졌다.

예를 들어 방을 청소하고 정리 정돈을 잘하면 공부에 필요한 사고계, 이해계, 기억계, 시각계 뇌 번지의 기능이 발달한다. 그러면 자연스럽게 공부에 대한 집중력도 향상된다. 그 이유는 다음과 같다.

● 정리를 하면 사고계 뇌 번지가 변화한다

사고계 뇌 번지는 무언가를 판단할 때 역할을 한다. 정리를 할 때는 물건을 볼 때마다 '이건 남겨야겠어', '저건 버려야지'라고 판단해야 한다.

또한 물건을 어디에 둘지 결정할 때도 사고계 뇌 번지가 활발히 작동한다. 이러한 과정을 반복하다 보면 자연스럽게 사고계 뇌 번지가 발달하게 되므로 생각하는 집중력이 성장하여 빠르게 판단하는 힘이 길러진다.

점차 이런 능력이 갖춰지면 우유부단하게 시간을 낭비하는 일이 줄고, 보다 효율적으로 공부하는 데 큰 도움이 된다.

● 정리를 하면 이해계 뇌 번지가 변화한다

정리해야 할 곳의 상태를 파악하고 무엇을 어떻게 치울지 판단해야 하므로 이 과정에서 이해계 뇌 번지가 활성화된다. 이해계 뇌 번지의 활성화는 곧 이해하려는 집중력의 성장을 의미하므로 이는 공부 효율에 도움이 된다.

반대로, 이 뇌 번지가 약하면 무엇이 어떤 상태에 있는지, 다음에는 무엇을 해야 할지를 파악하는 데 어려움을 겪게 된다.

● **정리를 하면 기억계 뇌 번지가 변화한다**

물건을 원래 있던 자리에 다시 돌려놓고, 정해진 장소에 정해진 물건을 두기 위해 기억과 관련된 기억계 뇌 번지가 작용한다. 기억계 뇌 번지가 발달한다는 것은 기억하는 집중력도 향상된다는 의미이며 암기력을 필요로 하는 공부에도 도움이 된다.

● **정리를 하면 시각계 뇌 번지가 변화한다**

시각계 뇌 번지가 활성화되면 어디가 더러운지, 어디가 어질러져 있는지를 눈으로 보고 인식할 수 있다. 시각계 뇌 번지를 단련하면 보는 집중력이 향상되므로 참고서를 읽는 속도도 빨라져 공부 효율이 개선된다. 시각계 뇌 번지가 약하면 방이 어질러져 있어도 크게 신경 쓰지 않는다.

방이 정리된 사람은 머릿속도 정리되어 있다

―

주변이 어질러져 있으면, 보는 집중력을 담당하는 시각계 뇌 번지가 과도하게 자극을 받거나 시선이 분산되어 뇌에 부담을 준다.

예를 들어 책상 위가 어질러져 있으면 그것을 보기만 해도 뇌가 혼란을 느껴 집중력이 떨어진다. 또한 취미나 오락과 관련된 물건이 시야에 들어오면 주의가 산만해지기 쉽다. 따라서 공부에 방해가 되는 이러한 물건들은 서랍이나 가방 등 눈에 띄지 않는 곳에 보관하는 것이 좋다. 정돈된 방에서 생활하는 사람과 어질러진 방에서 생활하는 사람은 뇌의 상태도 다르다.

● 정리 정돈이 잘 된 방에서 생활하는 사람의 뇌
머릿속도 방과 마찬가지로 정리되어 있는 상태이다. 자신이 해야 할 일이 명확하게 정리되어 있다.

● 어질러진 방에서 생활하는 사람의 뇌
머릿속도 방처럼 혼란스러운 상태이다. 물건이 많으면 그것을 관리하는 데 뇌가 에너지를 소모하여 사고력이 둔해진다.

과거의 나는 정리를 못 해 바닥에 서류가 여기저기 흩어져 있었다. 그래서 수납장을 활용해 카테고리별로 서류를 나누고 물리적으로 공간을 분리했다. 그 결과, 머릿속도 깔끔하게 정리할 수 있었다.

이뿐만 아니라 정리를 하면 운동계, 청각계, 감정계, 전달계 뇌 번지도 활성화되므로 모든 집중력을 고르게 사용할 수 있다.

롤 모델과 나의 단련 방식은 다르다

뇌의 개성은 사람마다 다르다.
자신에게 맞는 방법으로
뇌를 단련하자

—

누구에게나 이런 식으로 동경하거나 존경하는 대상이 있을 것이다.

'그 사람처럼 몇 시간이고 집중해서 공부할 수 있으면 좋겠다'

'그녀처럼 주변 분위기에 휘둘리지 않고, 몰입해서 책을 읽고 싶다'

동경의 대상처럼 되고 싶은 마음에 그(그녀)를 관찰하거나 조언을 구하기도 하고 모방을 하는 경우도 있을 것이다. 그런데 유감스럽게도 그(그녀)가 실천한 방법이 꼭 여러분의 집중력을 성장시켜 준다고는 장담할 수 없다.

사람마다 집중력을 담당하는 뇌 번지가 다르게 발달한다. 따라서 집중력이 부족하다고 느끼는 사람은 먼저 자신의 뇌에서 어떤 부분이 약한지 파악하는 것이 중요하다. '자기 분석용 뇌 번지 성장 체크리스트'를 사용해서 자신의 뇌 특성을 이해한 후, 자기 뇌에 적합한 방법으로 뇌의 강점은 키우고 약한 부분은 보완해 나가자.

예를 들어 나의 이전 저서에서 제안한 방법으로 조사를 강조하면서 한 자 한 자 정확하게 소리 내어 읽기만 해도 뇌 번지를 고르게 발달시킬 수 있다. 소리 내어 책을 읽으면,

- 문장을 시각적으로 파악하기 위해
  → 시각계 뇌 번지
- 시각 정보를 이해하기 위해
  → 이해계 뇌 번지
- 문장을 일시적으로 기억하기 위해
  → 기억계 뇌 번지
- 입력한 정보를 출력하기 위해
  → 전달계 뇌 번지

- 입을 움직여 소리를 내기 위해

    → 운동계 뇌 번지
- 자신이 낸 소리를 직접 듣기 위해

    → 청각계 뇌 번지

등 많은 뇌 번지가 활성화된다. 이러한 트레이닝을 습관화하여 8가지 뇌 번지를 고르게 활용하는 것이 집중력을 강화하는 포인트이다.

필요한 집중력을 단련하는 뇌 번지 리스트

여기서 여러분이 성장시켜야 할 집중력에 어떤 뇌 번지가 필요한지 정리해 보았다. 자신이 향상하고 싶은 집중력이 어떤 뇌 번지와 관련이 있는지 참고해 보자.

학습과 관련된 집중력

- **수업을 들을 때의 집중력** → 청각계 뇌 번지 × 이해계 뇌 번지
- **숙제를 할 때의 집중력** → 사고계 뇌 번지 × 기억계 뇌 번지
- **이과 공부의 집중력** → 시각계 뇌 번지 × 사고계 뇌 번지
- **문과 공부의 집중력** → 이해계 뇌 번지 × 전달계 뇌 번지
- **암기 공부의 집중력** → 기억계 뇌 번지 × 전달계 뇌 번지
- **어학 공부의 집중력** → 청각계 뇌 번지 × 전달계 뇌 번지 × 이해계 뇌 번지

일과 관련된 집중력

- **단순 작업의 집중력** → 시각계 뇌 번지 × 운동계 뇌 번지
- **사무 작업의 집중력** → 전달계 뇌 번지 × 청각계 뇌 번지
- **자료 작성의 집중력** → 전달계 뇌 번지 × 이해계 뇌 번지
- **아이디어 발상의 집중력** → 사고계 뇌 번지 × 이해계 뇌 번지 × 운동계 뇌 번지
- **문제 해결의 집중력** → 사고계 뇌 번지 × 이해계 뇌 번지
- **영업의 집중력** → 청각계 뇌 번지 × 이해계 뇌 번지 × 운동계 뇌 번지역 × 감정계 뇌 번지 × 전달계 뇌 번지
- **대면 회의의 집중력** → 청각계 뇌 번지 × 이해계 뇌 번지 × 전달계 뇌 번지 × 시각계 뇌 번지

- **온라인 회의의 집중력** → 청각계 뇌 번지 × 이해계 뇌 번지 × 전달계 뇌 번지
- **상담의 집중력** → 청각계 뇌 번지 × 이해계 뇌 번지 × 감정계 뇌 번지

취미와 관련된 집중력

- **독서의 집중력** → 시각계 뇌 번지 × 이해계 뇌 번지
- **음악 감상의 집중력** → 청각계 뇌 번지 × 감정계 뇌 번지
- **요리의 집중력** → 시각계 뇌 번지 × 사고계 뇌 번지 × 운동계 뇌 번지 × 이해계 뇌 번지
- **영화 감상의 집중력** → 시각계 뇌 번지 × 감정계 뇌 번지
- **라디오 시청의 집중력** → 청각계 뇌 번지 × 기억계 뇌 번지 × 이해계 뇌 번지
- **손가락을 사용하는(피아노나 기타 등) 연습의 집중력** → 운동계 뇌 번지 × 시각계 뇌 번지 × 청각계 뇌 번지
- **게임의 집중력** → 사고계 뇌 번지 × 이해계 뇌 번지 × 감정계 뇌 번지 × 시각계 뇌 번지
- **낚시의 집중력** → 시각계 뇌 번지 × 이해계 뇌 번지 × 감정계 뇌 번지 × 운동계 뇌 번지
- **근육 운동의 집중력** → 운동계 뇌 번지 × 사고계 뇌 번지 × 감정계 뇌 번지
- **머리를 쓰는 승부의 집중력** → 사고계 뇌 번지 × 이해계 뇌 번지 × 감정계 뇌 번지
- **몸을 쓰는 시합의 집중력** → 운동계 뇌 번지 × 시각계 뇌 번지 × 이해계 뇌 번지

뇌에서 커지는 집중력

일상생활과 관련된 집중력

- **이완의 집중력** → 감정계 뇌 번지 × 시각계 뇌 번지 × 청각계 뇌 번지
- **명상의 집중력** → 운동계 뇌 번지 × 시각계 뇌 번지
- **운전의 집중력** → 운동계 뇌 번지 × 시각계 뇌 번지 × 이해계 뇌 번지
- **낮잠의 집중력** → 사고계 뇌 번지 × 시각계 뇌 번지
- **정리의 집중력** → 사고계 뇌 번지 × 이해계 뇌 번지 × 기억계 뇌 번지 × 시각계 뇌 번지

선생님, 알려 주세요! 진짜 집중력 이야기 ❶

Q 일이나 공부를 하다가 잠시 숨 돌릴 시간이 필요할 때가 있습니다. 여기서 휴식을 하는 데 적절한 시간은 얼마일까요?

A 5~15분 이내의 짧은 휴식이 좋습니다.

잠깐의 휴식이라도 제대로 쉰다면 뇌의 피로를 덜 수 있다. 가능한 한 오랜 시간 집중하고 싶어도 집중력은 반드시 어느 순간 흐트러지기 마련이다. 일이나 공부를 하다가 '집중력이 떨어진다', '진력이 난다', '피곤하다'라는 느낌이 들면 짧게 휴식을 취하는 것이 좋다.

집중력을 유지하려면 규칙적인 휴식이 필수적이다. 적절한 휴식의 횟수나 길이는 각자의 뇌 특성에 따라 다르지만 일반적으로 60분에 한 번, 5분 정도 또는 90분에서 120분에 한 번, 15분 정도가 기준이다.

이보다 휴식이 길어지면 쉬고 난 뒤에 집중력과 동기 부여가 떨어지기 쉽다. 피곤하거나 일이 지겨워질 때 그 자리에서 일어나 잠시 휴식을 취해도 상관없다. 하지만 미리 휴식 시간을 정해 두면 스트레스나 피로가 쌓이는 것을 방지할 수 있다.

예를 들어, '30분 공부하면 일어나서 3분 정도 걷는다', '3시에 회의가 끝나니까 그 뒤에 15분 동안 휴게실에서 커피를 마신다'와 같이 언제부터 언제까지 휴식한다고 정해 둔다.

한편, 잠시 숨을 돌리기 전에 '커피를 마시고 난 뒤에 ○○○에 관해 조사한다'라고 이후에 할 일을 분명하게 정해 놓으면 휴식 후에 뇌를 활성화하는 데 도움이 된다.

뇌에서 켜지는 집중력

Q 휴일이 지나고 나면 좀처럼 의욕이 생기지 않습니다. 어떻게 하면 좋을까요?

A 휴일에는 평일(일하는 날)과는 다른 뇌 번지를 활성화해 뇌를 새롭게 하는 것이 중요합니다.

월요일 혹은 연휴 다음 날, 의욕이 없다면 사실 뇌에 있어서는 좋은 변화라 할 수 있다.

휴일에 평소와 다른 활동을 하면 한 주 동안 혹사한 뇌 번지를 쉬게 할 수 있다. 그리고 휴일을 보내고 난 다음에 왠지 일할 마음이 생기지 않는다면 뇌 번지의 활동 방식이 확실히 바뀌었다는 증거다. 즉, 휴일 동안 평소와는 다른 뇌 번지를 사용했다는 의미일 것이다.

많은 사람이 휴일에는 집에서 푹 쉬어야 피로가 풀리고 재충전이 된다고 생각한다. 하지만, 뇌의 작동 원리로 볼 때 꼭 그런 것만은 아니다.

집에서 쉬는 것보다 활성화되는 뇌 번지를 바꾸는 쪽이 더 효과적이다. 예를 들어, 산책을 하거나 차를 타고 나가 기분 전환을 하고, 운동을 하거나 책을 읽기를 추천한다. 이렇게 평소와 다른 뇌 번지가 일하게 하는 편이 뇌를 활성화해 집중력을 높이는 데 도움이 된다.

한편, 월요일 아침부터 바로 뇌를 공부나 업무 모드로 전환할 수 있는 방법이 있다. 일요일 아침을 월요일과 같은 시간에 시작하는 것이다. 전날에는 잠을 자던 시간인데 갑자기 일어나려고 하면 뇌가 충분히 활성화되지 않아 의욕이 없는 것으로 착각하기 쉽다. 그리고 휴일 전에 월요일에 할 일을 미리 적어 두는 것도 좋은 방법이다. 그 내용을 월요일 아침에 다시 한번 확인하면 뇌가 좀 더 쉽게 활성화된다.

Q 회사보다 카페에서 일할 때 더 집중이 잘됩니다. 카페에는 사람도 많고 소음도 심한데 왜 집중이 더 잘되는 걸까요?

A 카페에서는 자기 페이스대로 일을 할 수 있기 때문입니다.

카페에서 집중이 잘되는 데는 다음의 네 가지 이유가 있다.

• 주변 사람들이 나에게 무관심하다

집에서는 가족이 말을 걸기도 하고 회사에서는 동료나 상사가 호출하는 경우가 있다. 전화가 오면 받아야 하고 방문 고객을 응대해야 하므로 집중이 흐트러진다.

반면, 카페에서는 주변에 사람이 있어도 모르는 사람들뿐이다. 방해받거나 불필요한 대화에 휘말리지 않고 온전히 자기 방식대로 일에 집중할 수 있다(단, 너무 시끄러운 곳은 집중하기 좋은 환경은 아니다).

• 시간을 정해 놓고 일할 수 있다

'카페에서는 오래 머물 수 없으니까 1시간 안에 일을 끝내야 해', '다음 일정까지 45분 남았으니까 그동안 기획안을 살펴봐야겠다'처럼 시간적 제약이 생기기 때문에 집중력이 높아진다.

• 뇌를 깨우는 음식을 먹는다

카페에서 파는 음료에는 대부분 뇌를 깨우는 성분인 카페인과 뇌의 에너지원인 포도당이 들어 있다. 이 덕분에 뇌의 기능이 활발해진다.

• 방해 요소가 없다

만화책, 텔레비전, 게임처럼 일을 방해하는 유혹 아이템이 적기 때문에 온전히 일에 집중할 수 있다.

장소를 바꾸면 기분 전환도 되고 집중력도 높아진다. 사무실뿐 아니라 집, 카페, 도서관, 공동 작업 공간 등 집중하기 좋은 장소를 몇 군데 정해 두고 상황에 따라 바꿔 가며 활용하는 것도 좋은 방법이다.

집중력을
극대화하는

8가지
집중력의
네트워크

어떤 상황이든 집중 시간을 늘리고 싶다면

잘하고 못하고의 차이는
뇌 성장의 불균형 때문
—

여러분은 언제 집중하고 싶은가? '독서할 때도 선생님 말씀을 들을 때도 모두 집중할 수 있으면 좋겠다!'라고 생각하지 않는가? 그 마음은 충분히 이해한다.

하지만 현실은 그렇게 간단하지가 않다. '독서할 때는 집중할 수 있지만 선생님의 이야기를 들을 때는 전혀 집중이 안 된다'라는 사람이 대부분일 것이다. ○○을 할 때는 집중이 되지만 ××을 하려고 하면 집중이 안 될 때가 있다. 이처럼 집중력이 특정 상황에서만 발휘되는 이유는 뇌 번지가 고르게 성장하

뇌에서 켜지는 집중력

지 않았기 때문이다.

이것을 반대로 생각하면 독서를 할 때도, 선생님의 말씀을 들을 때도 모두 집중하려면 뇌의 모든 뇌 번지가 균형 있게 성장한 상태여야 한다는 말이 된다. 만약 여러분이 독서를 어려워한다면 성장이 늦은 시각계 뇌 번지나 이해계 뇌 번지를 단련할 필요가 있다.

뇌의 활동을
축구에 비유하면
—

뇌의 활동을 스포츠에 비유하면 더 이해하기 쉽다. 예를 들어 축구를 생각해 보자. 축구는 기본적으로 11명이 함께하는 경기로, 각각의 선수에게는 저마다의 역할과 영역이 주어진다.

'A의 포지션은 골키퍼다. 골문 앞에서 상대 선수의 슛을 막아야 한다'

'B는 수비수다. 필드의 후방에서 상대 선수의 공격을 막아야 한다'

'C는 공격수다. 필드의 전방에서 골을 넣어야 한다'

11명 모두가 집중하여 컨디션을 조절하면서 최선을 다해 자신의 역할을 해내고, 선수들끼리 유기적으로 움직이며 원활하게 협력할 때 승리에 다가갈 수 있다. 반면, 누군가가 전력을 다해 뛰지 않아 팀워크가 깨지거나 선수들의 실력 차이가 크면 실점을 허용할 가능성이 매우 높다. 축구 경기에서 이기려면 11명 모두의 실력을 향상시키고, 11명 모두의 협력을 강화하고, 11명 모두의 컨디션을 조절해야 한다.

뇌도 축구와 마찬가지다. 뇌의 8개 영역의 뇌 번지에서 만드는 집중력은 영역마다 고유한 역할을 담당한다. 그리고 이 각각의 집중력은 서로 유기적으로 연계하여 작용한다. 8개의 뇌 번지가 모두 균형을 이루며 성장하면 언제 어디서, 무슨 일을 하든 집중할 수 있다. 하지만 특정 뇌 번지의 성장이 더디거나 뇌 번지 사이의 네트워크가 잘 이루어지지 않으면 집중력이 지속되지 못하고 흐트러질 수 있다.

여기까지의 내용을 정리하면서 복습해 보겠다.

 중요 포인트

집중력을 지속하려면
- 8개의 뇌 영역을 균형 있게(전체적으로) 성장시킨다.
- 잘 작동할 수 있게 뇌의 상태를 조절한다.
- 뇌 번지 간의 연결을 원활하게 유지한다.

뇌에서 켜지는 집중력

8개나 되는 뇌 번지를
단련할 필요가 있을까?
—

분명 이렇게 생각하는 사람도 있을 것이다.

'축구 시합에서 이기려면 우수한 공격수만 있으면 되지 않을까? 결국 공격력에 필요한 근력(운동계 뇌 번지)과 상황 판단력(사고계 뇌 번지) 등 일부 뇌 번지만 단련하면 충분하지 않을까?'

확실히 틀린 말은 아니다. 집중해서 축구를 하려면 특정 뇌 번지를 단련할 필요가 있다. 그런데 축구를 한다고 했을 때, 선수 한 명의 관점으로 한 장면만 구체적으로 생각해 보자.

예를 들어, 날아오는 축구공을 빠르게 받아서 골문을 향해 슛을 찬다고 가정했을 때, 이 하나의 동작만 놓고 봐도 다음과 같은 다양한 뇌 번지가 작동하는 것을 알 수 있다.

- 빠른 공의 속도를 순간적으로 낮춰 한 번에 슛으로 연결해야 한다. 이를 위해서 어느 정도의 힘으로 받아야 할지 판단하기 위해 운동계 뇌 번지를 작동시켜 발을 움직인다.
- 상대편 수비수가 어떤 식으로 슛을 막을지 판단하기 위해 시각계 뇌 번지를 활용해 동작을 관찰한다.
- 골키퍼의 습관은 무엇인지, 어느 코스가 약한지 등을 판단

하기 위해 기억계 뇌 번지를 활용해 상대의 동작 패턴을 떠올린다.

• 수비수와 골키퍼의 동작이나 위치를 보고 어떤 코스가 골 성공 확률이 높을지 사고계 뇌 번지와 이해계 뇌 번지가 협력하여 판단한다.

이외에도 마지막에 어느 정도의 속도와 세기로 슛을 찰지 결정해야 한다. 이를 위해 운동계 뇌 번지가 활성화된다. 달려오는 발소리를 듣고 수비수가 움직임을 읽어야 하기 때문에 청각계 뇌 번지도 작동할 것이다. 또한 동료와 눈으로 사인을 주고받을 경우에는 시각계 뇌 번지와 전달계 뇌 번지도 활성화된다.

이 모든 과정이 아주 짧은 순간에 이루어진다. 현장의 프로 선수들은 경기 중 훨씬 더 복잡하게 뇌를 사용하고 있을 것이다.

다시 말해, 하나의 목표를 이루기 위해서는 여러 뇌 번지를 유기적으로 활용해야 한다(뿐만 아니라 목적 달성을 위해 필요한 뇌 번지가 충분히 발달해 있어야 한다). 이것은 스포츠뿐 아니라 우리가 일상에서 하는 모든 행동에도 해당한다. 단순해 보이는 동작도 사실은 뇌 번지가 복잡한 과정을 거쳐 작용한 결과다. 따라서 자신이 원하는 특정 영역만 단련한다고 해결될 일이 아니다.

덧붙이자면 집중하기 위해서는 그 뇌 번지가 자연스럽게 기

뇌에서 켜지는 집중력

능할 수 있도록 자동화하는 것이 포인트다. '이 상황에서는 이 뇌 영역을 쓰고, 그다음에는 저 영역을 써야지'라고 일일이 생각하며 행동한다면 결코 좋은 결과를 얻을 수 없음은 누구나 알 수 있을 것이다. 그렇기 때문에 어떤 상황에도 대응할 수 있도록 모든 뇌 번지를 균형 있게 단련해 두는 것이 바람직하다.

　이해하기 쉽도록 다시 축구를 예로 들어 보자. 팀워크를 발휘하려면 선수 개개인의 기량이 먼저 갖춰져 있어야 한다. 이를 위해 선수들은 킥이나 트래핑과 같은 기본기를 연습하며 자신의 능력을 키우는 데 힘을 기울인다. 뇌를 단련하는 것도 마찬가지다.

뇌 번지 간의 팀플레이란?

집중력이 흐트러지는 이유는?
뇌 번지 사이의 연결이 약하기 때문

—

우리의 뇌는 뇌 번지마다 담당하는 고유의 역할이 있다. 하지만 각각 개별적으로 일을 하지는 않는다. 뇌는 8개의 뇌 번지에서 만드는 집중력이 유기적으로 협력하여 다양한 상황에 대처한다. 서로 인접한 뇌 번지끼리 연계하거나 멀리 떨어진 뇌 번지와 연결하여 네트워크를 형성한다.

축구에서도 점수 획득이라는 목적을 달성하기 위해 여러 선수가 협력하여 하나의 공을 패스로 주고받는다. 마찬가지로 뇌에서도 여러 뇌 번지가 만드는 집중력이 하나의 목표를 위해 협력한다. 인간이 어떤 행동을 할 때는 특정 뇌 번지가 홀로 일하는 것이 아니라 여러 뇌 번지가 연계하여 팀플레이를 펼친다.

예를 들어, 회사 조직과 뇌의 협력 구조는 닮아 있다. 회사에서 단기간에 자금을 집중 투자하여 신제품을 개발하고 판매한다는 목표를 세웠다. 이때, 기획부가 아이디어를 내고 개발부가 이를 상품화하여 제조 담당이 생산하고 홍보부가 마케팅을 하고 영업부가 제품을 판매한다. 이처럼 각 부서가 각자의 역할을 수행하면서도 하나의 목표를 향해 협력하는 것이 바로 연계(협력) 플레이다.

뇌도 마찬가지다. 8개의 뇌 번지가 목표와 목적에 맞게 서로 역할을 다한다. 앞에서 설명한 독서로 예를 들면, 책을 볼 때는 눈으로 본 정보를 뇌로 전달하는 시각계 뇌 번지와 책의 내용을 이해하는 이해계 뇌 번지가 연계된다.

말을 할 때도 여러 뇌 번지가 힘을 모은다. 이해계에서 말할 내용을 정리하고 기억계에서 전해야 할 정보를 불러와 전달계에서 적절한 단어를 선택하고 운동계에서 입으로 소리를 낸다. 이것이 연계 플레이다.

뇌 번지 간 연계 플레이의 예

- **집중해서 피아노를 칠 때**
  - 악보를 본다(시각계).

    ↓
  - 건반을 누른다(운동계).

    ↓
  - 건반의 소리를 귀로 확인한다(청각계).

- **집중해서 회의에 참여할 때**
  - 다른 사람의 말을 듣고 정보를 입력한다(청각계).

    자료를 읽고 정보를 입력한다(시각계).

    ↓
  - 회의 내용을 정확히 이해한다(이해계).

    ↓
  - 자신의 생각을 정리해 표현한다(전달계).

- **축구 경기 중 집중해서 패스를 할 때**
  - 상대팀과 아군의 위치를 확인한다(시각계).

    ↓
  - 어디에 빈 곳이 있는지 생각한다(사고계).

    ↓
  - 몸을 움직여 정확한 위치로 공을 패스한다(운동계).

집중력을 발휘하려면 그 행동을 하는 데 필요한 뇌 번지 간의 원활한 협력이 중요하다. 뇌 번지 사이의 연계가 잘 이루어지지 않으면 반응 속도가 늦거나 주의력이 떨어지고 결국 집중력이 흐트러진다.

자동차를 타고 A 지점에서 B 지점으로 이동한다고 가정해보자. 이때, 다음의 예 ①과 ② 중에 어느 쪽이 더 순조로운 방식일까?

· 예 ①

A 지점을 출발한 후 바로 고속도로에 진입해 교통체증이나 신호 대기 없이 최단 시간인 30분 만에 B 지점에 도착했다. 운전하는 동안 피로감이나 스트레스 없이 쾌적한 드라이브를 즐겼으며 연료도 거의 소모하지 않았다.

· 예 ②

A 지점을 출발한 후 일반 도로를 달리다가 여러 차례 길을 잃고, 계속해서 교통 체증과 신호 대기에 걸렸다. B 지점에 도착하기까지 무려 3시간이 걸렸고 연료도 많이 소모되었다. 편의점에 들르는 바람에 불필요한 지출 내역이 생겼다. 목적지에 도착했을 땐 완전히 지친 상태였다.

정답은 예 ①이다. 이 자동차의 예처럼 우리의 뇌도 뇌 번지 간의 협력이 잘 이루어지면 불필요한 에너지를 낭비하지도 않고 중간에 멈추는 일도 없이 원하는 결과를 빠르고 효과적으로 얻을 수 있다.

지금까지 약한 뇌 번지를 강화해, 각각의 연계를 원활하게 만들면 집중력이 좋아진다는 것을 설명했다. 그러나 집중력은 개인의 의지나 노력 외의 요인에 의해서 좌우되는 경우도 있다. 다음 장에서는 환경을 조성하기만 해도 자연스럽게 의욕이 생기고, 집중력이 높아지는 방법을 전달한다.

선생님, 알려 주세요! 진짜 집중력 이야기 ❷

Q 집중력과 기억력의 관계를 알고 싶습니다. 집중력이 높아지면 기억력도 좋아질까요?

A 집중력이 좋아진다고 기억력까지 개선된다고는 단정 지을 수 없습니다.

집중력과 기억력은 서로 관계가 있지만 집중력에 비례해 기억력이 좋아진 다고는 확신할 수 없다.

집중력이란 뇌 번지를 능숙하게 활용하는 능력(목적에 맞게 뇌 번지 간의 협력을 이끌어 내는 능력)이다. 예를 들어 집중력을 높여 사람들 앞에서 강연했다고 가정해 보자. 이때 말을 하는 데 필요한 뇌 번지가 활성화되었다고 해서 강연의 모든 내용을 기억하는 것은 아니다. 전달계 뇌 번지가 최대한으로 가동될 때 그와 동시에 기억계 뇌 번지가 전부 가동하지는 않기 때문이다.

기억력을 높이려면 '이건 꼭 기억하자!'라고 강하게 의식(뇌에 명령)하는 것이 중요하다. 기억해야겠다는 의식 없이 무턱대고 책을 읽으면 내용이 머리에 들어오지 않는다. 해마는 '지금부터 기억하자', '이건 절대적으로 중요하다'라는 의식이 높을 때 기억력이 강화된다. 책의 내용을 잘 기억하는 방법은 '좋았어. 지금부터 이 책의 내용을 기억하자!'라고 마음을 먹고 집중해서 읽는 것이다.

Q 스마트폰과 집중력의 관계에 대해 알고 싶습니다. 스마트폰을 지나치게 사용하면 집중력이 떨어질까요?

A 그렇습니다. 집중력이 떨어집니다.

스마트폰을 장시간 사용하면 다음과 같은 문제가 발생할 수 있다.

- 다음 행동을 하지 못하고 우유부단해진다.
- 기억력이 떨어진다.
- 집중력이 저하된다.
- 정서가 불안정해진다(쉽게 화를 내거나 우울해진다).
- 다른 사람의 말을 잘 듣지 못한다.
- 의사소통이 귀찮아진다.
- 수면 시간이 부족하다.

스마트폰의 장시간 사용은 뇌 기능의 불균형에도 영향을 미친다. 스마트폰만 보면 뇌의 시각계 뇌 번지만 발달하고, 특히 청각계 뇌 번지를 사용하지 않게 된다. 청각계 뇌 번지는 다른 뇌 번지와 밀접하게 연결되어 있기 때문에 이 영역을 활용하지 않으면 이해력, 기억력, 집중력, 의욕 저하로 이어진다.

스마트폰을 오래 사용하는 사람에게는 라디오 듣기를 추천한다. 라디오를 들으면 청각계 뇌 번지뿐 아니라 이해계와 기억계 뇌 번지까지 단련할 수 있다.

Q 여러 일을 동시에 처리하면 집중할 수 없다는 말이 사실일까요?

A 멀티태스킹을 하면서도 집중할 수는 있습니다. 하지만 한 가지 일을 빠르게 처리하는 데 집중하는 것이 더 좋습니다.

인간의 뇌는 각각의 기능을 담당하는 8개의 뇌 번지로 이루어져 있다. 따라서 여러 작업을 동시에 처리하는 것이 가능하다. 반면 뇌 번지는 각각 나뉘어져 있기 때문에 2개 이상의 뇌 번지를 동시에 활성화하려면 훈련이 필요하다. 이 훈련이 충분하지 않으면 뇌 번지 사이의 연결이 약하여 여러 작업을 동시에 처리하기 어렵다.

그러므로 멀티태스킹을 하기보다는 한 가지 일에 집중하는 것이 더 효과적이다. 각각의 작업 처리가 빨라지면 여러 일을 한 번에 처리하는 멀티태스킹과 크게 다르지 않은 속도로 처리할 수 있게 된다.

나도 진료하다 보면 여러 가지 일이 계속해서 쌓일 때가 있다. 그럴 때는 오히려 하나씩 해결하자고 스스로에게 말하면서 처리한다. 그러면 의외로 짧은 시간 안에 여러 일을 처리하게 된다.

실제로 뇌는 여러 작업을 동시에 진행하는 것이 아니다(동일한 뇌 번지를 여러 작업에 할당하고 있는 것이 아니다). 다시 말해, 여러 뇌 번지들이 눈 깜짝할 사이에 일들을 순차적으로 처리하고 있기 때문에 동시에 진행하는 것처럼 보이는 것이다.

예를 들어, 나의 경우 A, B, C 세 과제가 있을 때 실제로는 동시에 수행하지 않는다. 하나씩 해결해 나간다. 그런데 작업을 마치는 속도가 빠르기 때문에(뇌 번지 간의 연계가 빠르기 때문에), 결과적으로 세 가지 일을 동시에 처리하는 것처럼 보이는 것이다.

뇌가 자연스럽게 집중하는 구조 만들기

내키지 않는 마음은 다스릴 수 있다

다른 일에 쉽게 눈을 돌리는 것은
나약하기 때문?

—

'내일까지 프레젠테이션 자료를 만들어야 하는데…'

'2주 후에 레포트를 제출해야 하는데…'

'슬슬 저녁을 준비해야 하는데…'

회사, 학교, 가정 등 일상생활을 하는 동안에는 많은 해야 할 일이 있다. 그런데도 왠지 의욕이 없고 내키지 않으며 집중이 안 된다.

빨리 해야 한다는 생각을 하면서도 다른 일에 한눈을 팔고 있는 자신을 깨닫게 된다. SNS를 검색하고 음악을 듣거나 게

뇌에서 커지는 집중력

임에 몰두한다. 여러분도 '아, 괜한 일에 시간을 허비했네'라고 후회한 경험이 있을 것이다.

이것은 집중 이전의 문제다. 해야 할 일을 좀처럼 시작하지 못하는 것은, 의지가 약해서도 자신에게 엄격하지 못해서도 아니다. 뇌의 ON, OFF 전환이 원활하게 일어나지 않기 때문이다.

 중요 포인트

뇌의 ON과 OFF란?

- **뇌 ON** : 뇌가 집중하기 시작하는 상태. 뇌의 ON 스위치가 켜지면 필요한 순간에 필요한 뇌 번지가 활성화된다. 뇌 번지의 기능이 제대로 작동하면 집중 상태가 된다.
- **뇌 OFF** : 뇌가 집중 모드를 끝낸 상태. 해야 할 일에서 해방된 상태이다.

뇌의 ON, OFF 전환이란 집중 상태(ON)와 집중을 끝낸 상태(OFF)를 원활하게 조절하는 것이다. 이것이 가능해지면 자연스럽게 집중 모드에 들어갈 수 있다. '정말 그런 게 가능할까?'라고 생각할 수도 있지만 사실 우리는 이미 일상에서 뇌의 ON, OFF를 경험하고 있다.

예를 들어, 학교에서 필기시험을 볼 때는 시험 시작을 알리는 벨 소리가 울리면 ON 스위치가 켜져 문제 풀이에 집중한다. 시험 종료를 알리는 벨이 울리면 OFF가 되어 시험이 끝났음을 인식한다.

영화관에서는 조명이 뇌의 스위치 역할을 하기도 한다. 극장 안의 조명이 어두워지면 ON이 되어 스크린에 집중한다(영화의 시작을 인식). 엔딩 크레딧이 끝나고 조명이 밝아지면 뇌는 영화가 끝난 것을 인식하고 OFF 모드가 된다.

이러한 뇌의 전환은 대부분 시간, 환경, 조건 등 외부적인 요인에 의해 이루어진다. 필기시험에서는 시작과 끝을 알리는 벨소리가, 영화관에서는 조명이 ON, OFF의 전환을 유도한다.

하지만, 외부적인 요인이 없어도 스스로 뇌의 ON, OFF를 전환할 수 있다. 누군가(무언가)에 의해 강제로 전환하는 것이 아니라 자발적으로 그렇게 되는 것이다. 일을 할 때는 일하는 뇌로, 책을 읽을 때는 독서하는 뇌로 빠르게 전환하고, 바로 행동하고 신속하게 처리할 수 있다. 결국 시간을 허비하는 일이 줄어드는 것이다.

뇌의 ON, OFF 전환 방법을 알게 되면 하고 싶은 일은 물론이고 하고 싶지 않은 일, 귀찮은 일까지 바로 시작할 수 있게 된다.

뇌에서 커지는 집중력

같은 일을 계속하면 왜 집중력이 떨어질까?

뇌 번지 전환으로
지친 뇌를 충전한다

—

어떤 일에 몰두할 때 특정 뇌 번지를 과도하게 활성화하여 혹사하면 결국은 집중력이 흐트러지게 된다. 오랜 시간 하나의 뇌 번지만 사용하면, 그 영역의 대사량이 줄고 인지 기능과 집중력이 저하(뇌가 OFF 상태로 전환)된다. 이럴 때는 일시적으로 다른 뇌 번지를 사용하는 것이 효과적이다. 의식적으로 가장 활성화된 뇌 번지를 바꾸어 주면 뇌가 다시 ON 상태로 전환되면서 집중력이 회복된다.

나는 이러한 뇌의 기능을 뇌 번지 전환**이라 부른다. 힘이 들면 오른손에 들고 있던 짐을 왼손으로 바꿔 드는 것이 좋은 예다. 이 과정에서는 오른손의 기능을 담당하던 운동계 뇌 번지에서 왼손의 기능을 담당하는 운동계 뇌 번지로 전환이 일어난다. 이것도 앞에서 언급한 뇌의 ON·OFF 전환의 일종이다.

예를 들어, '여러 명이 회의를 한 뒤에는 혼자서 스트레칭을 한다', '오랫동안 책상 앞에서 일한 뒤에는 조용한 곳에서 눈을 감고 쉰다', '혼자 작업한 후에 다른 사람과 가벼운 대화를 나눈다'처럼 의식적으로 활성화되는 뇌 번지를 바꾸면 뇌를 다시 ON 모드로 전환할 수 있다.

오랫동안 앉아 있는 등 같은 자세를 길게 지속하는 사람은 계단을 오르내리거나 스트레칭을 하는 등 가볍게 운동을 하면 다른 뇌 번지를 깨울 수 있다. 운동계 뇌 번지는 손, 발, 입, 눈 등 신체 부위별로 나뉘어 있다. 앉아 있을 때는 다리를 거의 움직이지 않으므로 일어나 걸으면 운동계 뇌 번지가 활성화된다. 또한 혼자 조용히 일하는 사람은 입 주변의 근육을 거의 사용하지 않기 때문에 누군가와 대화를 하거나 노래를 부르면 뇌 번지 전환이 일어난다.

** 과도하게 사용한 뇌 번지를 쉬게 하고, 쉬고 있던 뇌 번지를 바꾸어 활성화하는 것.

눈과 귀의 뇌 번지 전환을 생각해 보자. 예를 들어 전화 업무를 하는 사람은 주로 청각계 뇌 번지를 사용하므로 잠시 밖으로 나가 하늘을 보거나, 창문 너머로 먼 곳을 응시하면 시각계 뇌 번지로 전환이 이루어진다. 말을 하거나 글을 쓰는 언어 활동은 좌뇌가 활성화되는 작업이므로 뇌를 전환하고 싶다면 우뇌를 사용한다. 반려동물과 놀거나 식물에 물을 주는 등 비언어적 활동을 하는 것이다.

같은 뇌 번지를 계속 사용하면
뇌의 피로가 쌓인다

—

컴퓨터와 같은 디지털 기기로 업무를 하는 사람이 쉬는 시간에 게임을 하거나 스마트폰을 보는 것은 뇌에 추가적인 부담을 주는 행위다. 사무 업무나 공부를 할 때 사용하는 뇌 번지와 게임, 스마트폰 사용에 활성화되는 뇌 번지가 거의 동일하여 뇌 번지 전환이 이루어지지 않기 때문이다.

두 경우 모두 시각과 청각을 통해 정보가 들어오기 때문에 그 정보를 처리하기 위해 뇌는 계속해서 일한다. 그러므로 각 뇌 번지를 고르게 사용하면 뇌의 피로는 빠르게 회복된다.

명확한 목표 없이는 시작하지 못한다

목적이 모호하면
의욕도 집중력도 오르지 않는다

—

지금부터 어떻게 하면 뇌의 ON, OFF를 전환할 수 있는지 구체적인 방법을 소개한다. 한마디로 스스로 자신의 뇌에 ON, OFF 지시를 내리는 것이다.

지시를 한다고 해서 뭐 특별할 것은 없다. '지금부터 이것을 시작한다', '이 시간까지 끝낸다'라고 스스로에게 일러 주는 것이다. '정말? 그냥 이렇게만 하면 된다고?'라는 의문이 들 수도 있지만, 사실 우리의 뇌는 그 말을 인식하는 순간부터 집중 모드로 전환된다.

시작과 끝을 지시할 때 중요한 것은 무엇을 위해, 무엇을 시작하는지 그 목적과 몇 시에 시작할지, 몇 시에 끝낼지 그 시간을 명확히 하는 것이다.

'뭐, 어떻게든 되겠지', '어쩔 수 없지'라는 식의 부정적인 태도로 시작하는 것이 아니라 '지금부터 ○○을 위해 시작하자!'라고 긍정적으로 받아들이면 뇌의 집중도가 훨씬 올라간다. 해도 되고, 안 해도 된다고 생각하는 한 집중력은 오르지 않는다.

목적과 시간을 정해야 하는 이유
—

목적을 확실히 정하면 그 일을 하는 데 어떤 뇌 번지를 사용하면 좋을지 정할 수 있으므로 집중력이 강해진다. 반면, 목적이 모호하면 뇌가 어떤 뇌 번지를 써야 할지 혼란스럽기 때문에 집중 모드로 스위치가 켜지지 않는다. 집중 상태란 필요한 뇌 번지가 불필요한 소모 없이 작동하는 상태이므로, 어떤 뇌 번지를 사용해야 할지 모르면 집중하기 어렵다.

시간을 확실히 정하면 기억계 뇌 번지가 일하고 기억을 담당하는 뇌 영역이 활성화되어 ON, OFF 전환이 쉬워진다. 이 뇌 영역은 단순히 기억하고 떠올리는 것뿐만 아니라 일정을 정하고 실행할 때도 관여한다.

　사람은 본능적으로 '좀 더 자고 싶다', '술을 마시고 싶다', '게임이 하고 싶다'와 같은 단기 욕구(즉각적으로 충족되는 욕구)에 끌리기 마련이다. 해야 할 일을 미루고 눈앞의 욕구를 우선하게 되는 이유는 목적의 해상도가 낮기 때문이다.

　지금으로부터 약 7~8년 전, 나는 근처 대학에서 영어 시험이 치러진다는 소식을 듣고 갑자기 시험에 응시하기로 했다. 하지만 그때는 목적 의식이 그다지 강하지 않았다. '왜 영어 시험을 보고 싶은가?', '이 시험을 통해 무엇을 하고 싶은가?'라는 목표가 분명하지 않았다. 단순히 '아들이 시험을 치니 나도 한 번 도전해 볼까?'라는 가벼운 마음으로 깊이 생각하지 않고 내린 결정이었다.

　시험을 치겠다고 결정한 이상, 대충할 마음은 없었지만 지금도 잊지 못하는 순간이 있다. 시험 당일 시계가 오후 1시를 가리킬 때, 영어 지문을 읽는 도중 결국 졸음이 몰려왔다. 이것은 내 인생에서 처음 겪는 경험이었다.

　스스로 '그냥 한번 해 볼까'라는 가벼운 마음으로 응시했지만, 막상 시험에 전혀 집중을 하지 못했을 뿐더러 처음으로 시험 중에 졸았다는 점에서 스스로 깊이 반성하게 되었다. 반성할 점을 좀 더 구체적으로 말하면, 나는 줄곧 '시험에서 일정

점수 이상을 받으면 대학 입시에서 선택의 폭이 넓어 유리하다'라고 지도해 왔다. 그런데 정작 자신은 영어 시험을 본 뒤에 어떻게 활용할지 전혀 계획을 세우지 않았다.

'무엇을'과 '언제부터'를 종이에 적으면 미루지 않게 된다

—

누구에게나 하고 싶지 않은 일이나 내키지 않는 일을 해야 하는 순간이 있다. 그런 상황에서도 나는 ○○을 위해 이것을 한다는 목적과 이유가 구체적일수록 뇌를 ON 상태로 전환하기 쉽다.

자신의 내면에 목적이 정해져 있거나 이런 사람이 되고 싶다는 목표가 뚜렷하면 집중력이 올라간다. 그러나 단순히 지금부터 ○○을 위해 ××을 한다는 의식만으로는 전환이 잘 안될 때가 있다.

그럴 때는 해야 할 일과 시작 시간을 종이에 적어 보자. 글씨를 써서 그것을 보고 손과 눈을 사용해 목적을 의식하면 운동계, 전달계, 시각계, 사고계의 뇌 번지가 활성화되어 해야 할 일에 집중할 수 있게 된다.

마감 시간을 정하면 뇌는 집중한다

일을 시간으로 나누면
뇌가 각성한다

—

일을 미루지 않고 집중하여 짧은 시간 안에 끝내려면, 시간을 나누는 방식이 중요하다. 시간을 나눈다는 말은 시간표를 짠다는 뜻이다. '몇 시부터 몇 시까지는 ○○을 하고 몇 시부터 몇 시까지는 △△을 한다'처럼 시작 시간과 종료 시간을 미리 정하는 것이 핵심이다.

뇌는 시간을 나눌수록 각성도(집중도)가 높아진다. 기간이 정해지지 않았거나 시간의 범위가 너무 넓으면 '아직 시작하지 않아도 괜찮아'라고 뒤로 미루거나 '그 일은 어떻게 됐더라?'

라고 다른 일에 시선을 돌리게 된다. 그러나 마감이 정해지면, 마감이 가까워질수록 집중도가 높아진다.

예를 들어, 마감까지 10분밖에 남지 않았는데 아직 일을 끝내지 못했을 땐 '아, 그러고 보니 저것도 해야 하는데', '어머, 오늘따라 하늘이 파랗네'와 같이 불필요한 일에 정신을 빼앗길 틈이 없을 것이다.

시간표를 짤 때는 업무와 공부를 양보다 시간으로 나누는 편이 집중력에 도움이 된다. 양으로 나눈다는 말은 '오늘 참고서를 10쪽까지 풀자', '오늘 안으로 제안서를 작성하자'와 같이 시간적인 제한 없이 자신이 정한 분량을 끝낼 때까지 계속하는 방식을 가리킨다.

만약 1시간이면 끝낼 수 있는 일에 하루라는 여유가 주어지면 '천천히 해도 괜찮겠지', '하루면 넉넉하니까 천천히 하자'라고 방심하게 된다. 결국 그 일에 하루를 모두 소비하게 된다. 1시간이면 끝낼 수 있는 일은 반드시 1시간 안에 끝내자. 그러기 위해서는 양이 아니라 시간으로 구분하는 습관을 들이도록 하자.

일을 시간으로 나눌 때의 장점

- 마감 시간이 정해지면 뇌는 그에 맞춰 집중력을 발휘한다.
- 자신에게 마감 전까지 집중하자는 행동의 계기를 부여할 수 있다.
- 뇌의 ON, OFF 상태가 명확해져 사고의 전환이 원활해진다.
- 기억을 담당하는 해마의 기능이 활성화되어 기억력이 향상된다.
- 정해진 시간 안에 끝내려면 어떻게 해야 좋을지 생각하기 때문에 사고계 뇌 번지가 단련된다.
- 계획을 세우는 과정에서 운동계 뇌 번지가 활성화된다.

집중력을 끌어내는
시간 구분법
—

시간을 나눌 때 다음 규칙을 지키면 집중력을 깨울 수 있다.

● 일정의 시작부터 끝까지 걸리는 시간을 길게 잡지 않는다

마감까지 시간이 짧을수록 뇌는 집중하게 된다. 집중력이 유지되는 시간의 기준은 20분에서 40분이다. 서툴고 처음 하는 일일수록 뇌 번지가 빨리 피로를 느끼기 때문에 잘하는 일은 조금 길게, 서툰 일은 조금 짧게 시간을 할당해야 한다.

예를 들어, 3시간 동안 기획서를 작성해야 할 때 하나의 범주로 일정을 잡기보다는,

정보 수집(40분) → 짧은 휴식(3분:43분 경과)
→ 정보 재수집(20분:63분 경과) → 휴식(10분:73분 경과)
→ 기획안 작성(20분:93분 경과) → 짧은 휴식(3분:96분 경과)
→ 기획 재검토(20분:116분 경과) → 휴식(10분:126분 경과)
→ 기획서 슬라이드 작성(40분:166분 경과) → 휴식(4분:170분 경과)
→ 퇴고 작업(10분:180분 경과)

이와 같이 기획서 작성에 필요한 작업을 세분화하고 시간을 정하는 편이 집중력 유지에 도움이 된다. 막연히 집중력을 요구할 것이 아니라 집중할 수 있는 기준과 지표를 뇌에 적극적으로 제공하는 것이 중요하다.

● 일정과 다음 일정 사이의 시간은 가능한 한 짧게 둔다

시간을 분배할 때는 일정과 다음 일정의 사이를 너무 띄우지 않는 것도 중요하다. 예를 들어, '10~11시까지 자료 작성(10시 30분에 한 번, 5분 정도 가볍게 몸을 움직인다)'이라고 일정을 짠 경우, '11시 이후의 일정이 정해진 사람'과 '11시 이후에 딱히 일

정이 없는 사람' 중에 누가 자료 작성에 더 집중할 수 있을까?

답은 전자다. 다음 일정이 정해져 있는 사람이 높은 집중력을 유지할 수 있다. 다음 일정이 정해져 있으면 '다음 일정이 있으므로 연장할 수 없다. 정해진 시간 안에 끝내야 한다'라는 동기가 생겨 뇌가 더욱 활성화된다.

나 역시 뇌를 재충전하기 위한 짧은 휴식 외에는 일정 사이에 공백을 두지 않는다. 기본적으로 여유 시간을 많이 두지 않고 '몇 시부터 이 일을 하고, 끝나면 다음 일을 하고 그다음엔 또 이것을 하고…' 같은 방식으로 스케줄을 촘촘하게 짜는 편이 각각의 업무에 더 집중할 수 있다. 결국, 하나의 업무를 하는데 ON 상태에서 OFF 상태로 전환될 때까지 집중력을 유지하려면 OFF 이후에 무엇을 할지 명확하게 정하고 나서 ON 상태로 들어가는 것이 중요하다.

휴식 시간이 짧거나 일정이 너무 빡빡하면 피곤하지 않을지 걱정될 수도 있다. 하지만 다음 일정이 정해져 있는 편이 오히려 덜 피곤하다. 적절하게 짧은 휴식을 가지며 뇌를 재충전하면서 일하면 여러 업무를 효율적으로 끝냈다는 성취감이 보상으로 작용한다. 뇌는 다음이 정해져 있을 때 지금에 더 집중할 수 있다.

자연스럽게 집중 스위치가 켜지는 사고방식

하기 싫다는 생각이
집중력을 방해한다

—

앞에서 설명했듯이, 어떤 일을 하는 목적과 이유가 분명할수록 뇌는 더 쉽게 ON 상태로 전환된다(쉽게 집중할 수 있다). 목표를 설정할 때 중요한 포인트는 즐거움을 찾고 자신에게 도움이 되는 점을 발견하는 것이다.

뇌는 잘하는 일, 재미있는 일, 좋아하는 일은 하지만 서툰 일, 싫어하는 일은 하지 않으려는 특성이 있다. 만약 '이걸 해야만 해. 하지만 사실은 귀찮고 하기 싫어'라고 부정적으로 생각하면 뇌 번지 사이의 협력이 원활하게 이루어지지 않아 집중력에 제동이 걸린다.

반면, '○○은 재미있어!', '○○은 좋아하는 일이야!', '○○을 할 때는 기대가 돼!', '○○을 하는 것은 나에게 도움이 되기 때문이야!'라고 긍정적으로 접근하면 '당장이라도 시작하고 싶다', '좀 더 하고 싶다' 등의 적극성이 생겨 집중력이 높아진다.

공부나 업무, 집안일과 같이 해야만 하는 일은 대체로 하고 싶지 않은(즐겁지 않은) 일이다. 그래서 좀처럼 내키지가 않는다. 반면, 좋아하는 일이나 재미있는 일이라면 바로 시작할 수 있을 것이다.

중요 포인트

- **즐거운 일, 하고 싶은 일** : 뇌가 ON 상태가 된다. 집중력을 유지할 수 있다.
- **귀찮은 일, 하기 싫은 일** : 뇌가 좀처럼 ON 상태로 전환되지 않는다. 집중력이 흐트러진다.

지금의 내가 아닌
미래의 내게 눈을 돌리자

—

의무감은 의욕과 집중력을 떨어뜨린다. '싫다', '귀찮다'라는 부정적인 감정만으로는 집중력이 약해진다. 그래서 하고 싶지 않은 일을 할 때는 '이것은 내가 하고 싶은 일이다', '이것은 내가 좋아하는 일이다'라고 의미를 긍정적으로 바꿔서 접근하는 것이 중요하다. 하고 싶지 않은 일을 하고 싶은 일로 바꾸는 게 가능할지 의문이 들 수도 있지만, 걱정할 것 없다. 누구나 가능한 일이다.

'하고 싶지 않다'를 '하고 싶다'로 바꾸려면 지금의 내가 좋아하는 일인지 싫어하는 일인지가 아니라 미래의 나에게 가치가 있는지 없는지에 눈을 돌려야 한다. 눈앞의 싫은 일을 의미 있는 일로 만드는 방법은 해야 할 일이 자신에게 크게 도움이 된다는 점을 인식하는 것이다. 그렇기에 그 일이 자신에게 가져다줄 이점을 찾는 것이 중요하다. 하기 싫은 일을 하고 싶은 일로 바꾸는 데에는 두 가지 방법이 있다.

● 어차피 해야 한다면 무언가 배우는 것으로 생각하자

하기 싫은 일은 뒤로 미뤄도 결국은 해야 할 순간이 온다. 꼭 해야 한다면 뇌의 스위치를 켜고, 집중력을 깨워 바로 시작하자. 그리고 하기로 결정한 이상 나에게 도움이 되는 점을 찾자. 공부는 하고 싶지 않지만 하면 새로운 지식을 얻을 수 있다. 그러니까 하자!

이 사람과 대화하는 게 부담스럽더라도, 이렇게 생각하는 사람도 있구나 하고 깨닫는 시간이 될 수 있다. 그러니까 한번 해 보자.

굳이 시간을 내야 한다면, 무언가 배운다는 것에 흥미와 관심을 가져 보자. 배움을 목적으로 삼으면 싫어하는 일, 귀찮은 일, 부담스러운 일 등 인생에 일어나는 모든 일이 자기 성장의 기회가 된다.

뇌에게는 이 모든 것이 가치 있는 일이다. 하고 싶지 않은 일 중에서도 반드시 새로운 것을 발견할 수 있다.

● 누군가에게 도움이 된다고 생각하자

이 일을 하면 누군가에게 도움이 될 것이라고 생각하면 사명감이 생겨 동기 부여가 되므로 집중하기 쉬워진다.

나의 경우, 초년생 의사 시절에는 지시받은 업무가 많아 항상 시간에 쫓기곤 했다. 그럼에도 집중력을 잃지 않은 이유는 단순히 직업 윤리 때문이 아니었다. '환자를 위해 무엇이든 하고 싶다!', '환자가 기뻐하는 모습을 보고 싶다!'와 같은 분명한 목적이 있었기 때문이다. 언젠가 누군가에게 도움이 되고 싶다는 동기는 지금에 집중하는 이유가 된다.

이런 일은 의미 없다는 생각은
단순한 고정관념

—

우리의 뇌는 무의식적 편견(unconscious bias)이란 특성이 있다. 어떤 일을 할 때 지금까지의 경험, 지식, 환경을 바탕으로 무의식적으로 단정 짓고 믿어 버리는 것을 뜻한다.

'이런 일은 해 봐야 소용이 없다', '그 일은 나에게 맞지 않는다', '귀찮기만 하고 재미가 없다'라는 평가도 자신에 대한 편견이다. '소용이 없다', '맞지 않는다', '재미없다'라는 고정관념을 버리고 '이것도 배움의 일부다', '이 일이 누군가에게 도움이 된다', '모든 일은 자신에게 플러스가 될 수 있다'라고 생각을 바꾸면 하고 싶지 않다는 감정을 조금은 덜어낼 수 있을 것이다.

하기 싫은 일의 보상은 좋아하는 일로

적당히만 하면 게임도
뇌의 준비 운동이 될까?

—

공부를 해야 하는데 게임을 그만두지 못하거나, 일을 시작해야 하는데 만화책의 다음 권을 펼친 것처럼 해야 할 일을 뒤로 미루고 하고 싶은 일이나 상관없는 일을 시작한 경험이 누구나 한 번쯤은 있을 것이다.

　그런데 뇌의 기능이라는 관점에서 볼 때, 공부를 하기 전에 게임을 하거나 일을 시작하기 전에 만화책을 읽으면 절대로 안 된다고 단정할 수는 없다. 그 이유는, 공부나 일을 하기 전에 게임이나 만화책을 보면 뇌 번지가 자극을 받아 아이들링(idling)

상태에 들어가기 때문이다.

아이들링이란 원래 자동차가 신호 대기 중일 때 엔진이 공회전하는 상태로, 여기서는 바로 움직일 수 있는 준비 상황을 뜻한다.

게임을 할 때는 화면 속 정보를 처리하는 시각계 뇌 번지, 전략을 생각하는 사고계 뇌 번지, 컨트롤러를 조작하는 운동계 뇌 번지 등이 작동한다. 눈과 손을 동시에 사용하는 일이 거의 없는 사람에게 게임은 뇌에 좋은 자극이 된다. 만화책을 읽을 때도 시각계 뇌 번지나 이해계 뇌 번지가 활성화된다. 다시 말해 게임이나 만화가 하기 싫은 일을 시작하기 위한 준비 운동이 될 수도 있다.

게임을 많이 하면
정말 머리가 나빠질까?

—

단, 게임이나 스마트폰, 만화를 뇌를 위한 준비 운동으로 활용하려면 몇 가지 조건이 있다. 지나치게 오래 하지 않고, 3분 이내에 그만두는 것이 원칙이다. 특히 게임의 경우, 장시간 계속하면 다음과 같은 이유로 뇌에 부담을 준다.

첫째, 게임을 하는 동안에는 눈을 고정한 채로 가까운 거리에서 화면을 응시하게 된다. 그 때문에 게임을 한 후에는 글자나 주변을 보는 힘이 약해진다.

예를 들어, 축구 선수가 경기가 없는 날에 축구 게임을 하는 것은 새로운 시각으로 자신의 움직임을 비교 분석하는 사고 트레이닝이 될 수 있다. 그러나 가까운 거리의 화면에 눈을 고정한 채 경기 직전까지 게임을 하는 것은 좋지 않다. 시합이 시작되고 갑자기 시야가 넓어지면 뇌의 준비 운동으로 기대했던 효과와는 정반대의 결과를 가져오게 된다.

이처럼 몰입해서 게임을 한 후에는 이후의 행동에 영향을 받게 된다. 그러므로 집중력을 발휘하려면 다음에 해야 할 작업을 고려해 게임을 할지 말아야 할지 판단해야 한다. 이것은 게임뿐 아니라 집중력을 효율적으로 끌어내기 위해서도 매우 중요한 포인트다.

둘째, 게임을 하는 동안 시각계 워킹 메모리를 과도하게 사용되기 때문에 뇌가 쉽게 피로를 느낀다. 워킹 메모리는 작업이나 동작에 필요한 정보를 일시적으로 저장하고 처리하는 능력이다. 그런데 뇌의 한 부분을 지나치게 사용하면 사용하지 않은 뇌 번지까지 피로를 느끼게 된다.

셋째, 게임을 너무 많이 하면 뇌의 특정 부분만 강화되는 결과가 나온다. 같은 행동을 반복하면 해당 뇌 번지가 발달하지만, 게임은 일부 영역만 강화되고 그 외의 뇌 번지는 성장하지 않는다. 뇌를 고르게 성장시키려면 다양한 뇌 번지를 고르게 사용하는 것이 중요하다.

넷째, 게임은 중독성이 있기 때문에 다른 활동을 할 수 있는 뇌의 시간이 줄어든다. 특히 게임을 하지 않으면 공부나 일을 시작하지 못하는 증상을 주의해야 한다. 만약 이런 증상이 있다면 이미 게임에 중독되었을 가성이 높으므로 조처해야 한다.

공부를 시작하기 전 3분 동안, 일주일에 한 번으로 규칙을 정하고 이를 엄격히 지킨다면 게임을 해도 상관없다. 하지만 보통 일주일에 한 번으로는 끝나지 않을 것이다. 게다가 한 번 게임을 시작하면 도중에 그만두기가 어렵다. 뇌는 쾌락을 느끼면 그것을 반복하려는 특성이 있기 때문에 대부분은 게임을 계속하게 된다. 그리고 '조금만 더', '이번 판 깰 때까지만' 같은 생각 때문에 게임 시간이 길어지면서 뇌는 피폐해지고 공부와 일에도 영향을 미치게 된다.

하고 싶은 일은
뒤로 미루는 게 답
—

하고 싶은 일이나 좋아하는 일은 공부나 일을 하기 전이 아닌 뒤에 하는 것이 좋다. 하고 싶은 일, 좋아하는 일을 자신에게 보상으로 주는 것이다. 해야 할 일을 다 끝낸 후에 나 자신에게 보상을 주면 보상을 받기 위해 열심히 하자는 강한 동기 부여가 된다.

인간의 뇌에는 보상에 반응하는 신경 세포가 있다. 이 신경 세포는 보상을 받았을 때뿐 아니라 보상을 받기 전, 보상이 기대될 때, 보상받을 것이 확실해졌을 때도 도파민을 분비한다.

도파민은 동기를 부여하는 역할을 하기 때문에 '오늘 하루 일을 열심히 하고 밤에는 좋아하는 드라마를 보자', '이 공부를 끝내고 나서 좋아하는 음악을 듣자'라고 마치고 난 후에 받을 보상을 정해 놓으면 그 기대감 덕에 의욕이 생긴다.

뇌가 가장 집중하는 보상은 뭘까?

뇌에게 최고의 보상은
성취감
—

하기 싫은 일이나 귀찮은 일을 할 때는 보상이 동기 부여가 된다. 말은 눈앞에 당근을 매달아 놓으면 보상(당근)을 받았을 때의 기쁨을 상상하여 뇌가 의욕을 불태운다.

　보상은 식사, 돈, 여행, 물품과 같은 눈에 보이는 물리적 보상뿐 아니라 '해낼 수 있어서 정말 기쁘다', '칭찬받으니 기쁘다', '새로운 것을 배워 뿌듯하다' 같은 눈에 보이지 않는 보상(심리적 보상)도 있다. 그렇다면 다양한 보상 중에서 뇌가 가장 기뻐하는 보상은 무엇일까?

뇌에게 제일 큰 보상은 물건이나 돈, 게임, 만화가 아니라 새로운 정보를 알게 되어 기쁘다는 만족감과 빨리 끝내서 기쁘다는 성취감이다.

● 새로운 정보를 알게 되면 뇌는 기쁨을 느낀다

- 공부를 한다.

↓

- 새로운 지식을 습득한다.

  몰랐던 것을 알게 된다.

  못했던 것을 할 수 있게 된다.

↓

- '기분이 좋다! 더 알고 싶다!'(만족감)

↓

- 좀 더 공부하고 싶어진다.

● 예상보다 빨리 끝나면 뇌는 기쁨을 느낀다

- 상사가 맡긴 일을 기한보다 빨리 제출했다.

  거래처에서 요청한 과제를 바로 해결했다.

↓

- '예정보다 빨리 끝내서 기쁘다!'(성취감)

↓

• 이런 기쁨을 다시 느끼고 싶어 '귀찮다', '하기 싫다'라는 생각을 하지 않게 된다.

뇌는 보상이 주어지는 행동을 반복하고 싶어 하고, 동일한 기쁨을 느끼기 위해 다시 그 일을 하려고 하는 특성이 있다. 이렇게 지적 호기심과 성취 욕구가 충족되면 하기 싫은 일일수록 끝냈을 때 기쁨이 크고, 어떤 일이든 배울 점이 있고, 못할 것이라고 걱정했던 일도 의외로 잘할 수 있다는 사실을 깨닫게 되어 '귀찮다', '하기 싫다'라는 감정에서 벗어날 수 있다.

무언가를 시작하기 전에 '귀찮다', '하고 싶지 않다'라는 감정이 고개를 든다면, '하지만 빨리 끝내면 뿌듯하다!', '그래도 결국 나에게 도움이 될 거야!'라고 생각을 바꿔 보자.

또한 눈에 보이는 것만을 보상으로 하면 그것이 목적이 되어 보상이 없으면 하지 않는 상황에 빠질 수 있다. 음주, 흡연, 도박과 같이 뇌에 미치는 영향이 크거나 중독성이 강한 대상이 아니라 성취감이나 만족감을 보상으로 정하자. 이렇게 하면 뇌가 자연스럽게 집중하기 시작하므로 일이나 공부에 대한 집중력을 잃지 않는다.

불가능한 일은 미루고 가능한 일부터

작업을 세분화하여
전체적인 구조를 명확히 하자

—

집중력은 해 보지 않은 일이나 할 수 없을 것 같은 일을 할 때 쉽게 흐트러진다. 이는 뇌의 특성과 깊은 관련이 있다. 해 본 경험이 없으면 집중력이 생기지 않는 이유는 무엇일까?

첫째, 절차나 과정, 해결 방법을 모르기 때문이다. 어떤 식으로 할지, 어떻게 하면 좋을지 그 방법을 모르면 뇌 번지가 활성화되지 않는다.

둘째, 이전에 해 본 경험이 없기 때문에 문제 해결을 위한 뇌 번지의 연결망(뇌 내 네트워크)이 존재하지 않는다.

셋째, 뇌의 용량은 무한하지 않기 때문에 항상 정보를 선별한다. 좋아하는 일, 관심 있는 일, 과거에 경험한 일은 쉽게 받아들이고 그렇지 않은 것은 쉽게 받아들이지 못한다.

그렇다면, 어떻게 해야 경험하지 못한 일이나 내키지 않는 일에 집중할 수 있을까? 그 핵심은 분해이다.

작업을 분해해
우선순위를 정하자
—

어디서부터 시작해야 할지 모르거나, 무엇을 어떤 순서로 해야 할지 모르는 경우에는 뇌가 집중력을 발휘하지 못한다. 이럴 때는 작업을 단계별로 세분화해 보자. 작업의 처음과 중간 과정 그리고 마지막에 할 것은 무엇인지, 최종 완성까지 몇 단계가 있고 각 단계에서 무엇을 하면 좋을지를 알면 전체적인 흐름을 예측할 수 있게 된다.

절차를 명확히 하면 이해계 뇌 번지가 활성화된다. 예를 들어 저글링을 어떻게 하는지 잘 모른다면 동작을 분해해 보는 것이다.

① 양손에 공을 하나씩 가진다.

② 오른손에 가진 공을 던진다.

③ 왼손의 공을 오른손으로 옮긴다.

④ 오른손으로 던진 공을 왼손으로 받는다.

이렇게 4단계로 분해하면 순서를 이해할 수 있다. 처음에는 천천히 해도 상관없다. ①에서 ④까지의 동작을 반복하다 보면 마침내 뇌 번지의 연결이 원활하게 이루어져 동작 속도도 빨라진다.

할 수 있는 것과
할 수 없는 것을 구분하자
—

작업을 세분화해 관찰하면 모든 과정이 싫고 어려운 것이 아니라 그 작업 과정에서도 흥미를 느낄 수 있는 작업, 잘할 수 있는 작업, 할 수 있는 작업이 있음을 발견할 수 있다. 이렇게 모든 것이 싫은 게 아니라 어려운 작업 속에서도 할 수 있는 것이 있다는 사실을 깨달으면 뇌는 집중 상태(ON)로 전환이 이루어진다.

가능한 것과 불가능한 것을 나누면 먼저 가능한 것부터 착수한다. 불가능한 것은 뇌가 준비가 안 된 상태이므로 불가능한 것을 하려고 하면 집중력을 발휘하지 못한다.

나 역시, 접한 적이 없는 주제의 책을 읽을 때는 어려울 것 같다는 생각이 들곤 한다. 그럴 때면 이해하기 쉬워 보이는 부분, 흥미를 끄는 부분부터 읽기 시작하고 이해하기 어려운 부분은 나중으로 미뤄 둔다. 이해하기 쉬운 내용을 먼저 파악해 두면 이해계 뇌 번지와 사고계 뇌 번지가 활성화되기 때문에 어려운 내용도 쉽게 접근할 수가 있다.

해 본 경험이 없는 일이나 할 수 없을 것 같은 일을 해결하는 방법은 억지로 하는 것이 아니다. 작업을 분해하고 지금의 내가 할 수 있는 일부터 시작하는 것이 핵심이다.

작업을 분해할 때는 손으로 직접 써 보기를 권한다. 손으로 적으면 시각계, 운동계 뇌 번지를 자극하여 작업의 순서가 분명하게 보인다. 리스트를 작성하고 하나의 작업이 완료된 후에는 그 항목을 지운다. 그러면 항목을 지울 때마다 성취감을 느껴 작업을 능동적으로 진행할 수 있다. 해냈다는 성취감은 뇌에게 줄 수 있는 최고의 보상이다.

하기 싫은 이유도
분해해서 생각하자

—

하고 싶지 않거나 집중이 안 된다는 생각이 들 때는 '왜 하고 싶지 않을까?', '어째서 집중이 안 될까?'라고 이유를 분석해 보자. 이유를 알면 해결책을 찾을 수 있다.

예를 들어, 컨디션이 좋지 않아 집중이 안 될 때가 있다. 이때 컨디션이 안 좋은 원인은 꽃가루 알레르기 때문으로 콧물이 흘러 집중력을 유지할 수 없는 것이다. 그렇다면 이비인후과를 방문해 안약과 비염약을 복용하고 공기청정기, 마스크 등을 사용하면서 해결책을 찾자.

주변이 시끄러워 집중할 수 없을 때는 장소를 바꾼다. 할 일이 많아 무엇부터 시작해야 할지 모를 때는 우선순위를 확실하게 한다. 하고 싶지 않거나 집중이 안 된다고 느껴지면 그 이유에 눈을 돌리는 것이 중요하다. 이유를 파악하면 해결의 실마리를 찾을 수가 있다.

실전에서 집중하려면 준비가 필요하다

연습 때 못하면
실전에서도 성공하기 어렵다

—

새로운 일, 경험한 적 없는 일, 예측하기 힘든 일을 할 때는 어떤 뇌 번지를 사용하면 좋을지 판단이 서지 않아 집중력을 잃을 수 있다. 예를 들어 첫 데이트에서 가슴이 두근거리고 시험 전에 긴장이 되는 이유는 어떻게 될지 예상이 안 되고 잘할 수 있을지 확신이 없기 때문이다.

한편 여러 번 해 본 일이나 방법을 잘 알고 있는 일을 할 때 뇌는 스트레스를 받지 않는다. 인간의 뇌는 같은 동작을 계속 반복하면 아무 생각 없이도 자연스럽게 할 수 있다. 이 과정을 뇌의 자동화***라고 부른다.

외출할 때 무의식적으로 TV를 끄거나 가스 밸브를 잠그고 문을 잠그는 것도 뇌의 자동화를 보여 주는 예다. 우리가 매일 아침 별다른 생각 없이 자연스럽게 하는 양치질도 뇌의 자동화 덕분이다. 앞에서 말한 저글링도 몇 번이고 반복해서 연습하면 순서를 의식하지 않아도 자동으로 할 수 있게 된다.

스포츠 선수들이 같은 동작을 반복해서 연습하는 이유도 바로 이 자동화를 위해서다. 머릿속으로 이런저런 생각을 하지 않아도 몸이 반사적으로 움직일 수 있게 만들기 위해서이다. 시험이든 운동이든 실전에서 최고의 실력을 발휘하려면 항상 연습을 실전과 같이 생각하고 해야 한다.

한 야구팀의 연습을 예로 들어 보겠다. 이 팀은 배팅 연습을 할 때, 일부러 투수와 타자의 거리를 줄여 시속 150km의 빠른 공에 적응할 수 있도록 훈련한다. 거리를 줄이면 타자에게는 짧은 시간 안에 공을 보고 판단하는 능력과 빠른 공에 반응하는 능력이 필요하다. 연습에서 시속 150km의 공을 치지 못한다면 실전에서도 성공할 가능성이 낮다.

*** 같은 동작을 반복하면 몸이 자연스럽게 움직이는 뇌의 구조로 뇌가 불필요한 에너지를 쓰지 않고 높은 성과를 올릴 수 있다. 뇌는 좀 더 부담이 안 되는 상태를 선택하기 때문에 뇌가 자동화되면 불필요한 동작을 하지 않는다.

연습을 통해 몸이 자동화되면 실전에서도 같은 실력을 발휘할 수 있다. 따라서 평소 실전처럼 연습하는 팀일수록 실제 경기에서 좋은 성적을 거둘 수 있는 것이다.

자동화에만 의존하면
뇌는 성장하지 않는다

—

뇌의 자동화는 뇌의 에너지 소비를 줄이고 뇌에 부담을 주지 않으면서 좋은 성과를 낼 수 있다는 장점이 있다. 하지만 단점도 있다. 자동화는 뇌가 무의식적으로 움직이는 반응이므로 뇌에 새로운 자극을 주지 못한다. 새로운 자극을 받지 못하면 뇌의 성장은 멈춰 버린다. 뇌를 성장시키려면 새로운 과제를 시작하는 것이 중요하므로 자동화된 행동에 너무 의존하지 않는 것이 좋다.

스포츠 선수의 경우에는 반복 훈련에 새로운 요소를 추가하자. 직장인이라면 매일 처리하는 업무 루틴을 재검토하는 등 무의식적으로 반복하던 일상에 새로운 변화를 주자.

뇌의 자동화를 점검할 땐
슬로 모션 작전이 효과적

—

슈퍼 슬로 모션 작전이란 평소 빠르게 하는 동작을 가능한 한 천천히, 조금씩, 연속해서 하는 것이다. 슈퍼 슬로 모션으로 움직이려면 동작하는 매 순간 집중력이 필요하다. 예를 들어 1초 만에 할 수 있는 동작을 100초에 걸쳐 수행하면 시간이 100배 더 걸리지만 그동안의 집중 시간도 100배로 늘어난다.

집중 시간이 길어지면 미세하게 잘못된 동작이나 부족했던 부분을 더 쉽게 인식할 수 있다.

최고 수준의 일을 해내는 사람은 다른 사람보다 더 많이 깨어 있는 사람이다. 다시 말해, 같은 동작을 하더라도 1초의 동작을 100배로 늘려 이해하고 깊이 생각할 수 있는 것이다.

뇌에서 커지는 집중력

선생님, 알려 주세요! 진짜 집중력 이야기 ❸

Q 공부나 일을 할 때 음악을 들으면 집중력이 떨어질까요?

A 그렇습니다. 집중력이 저하됩니다. 작업 중에 음악을 들으면 뇌가 멜로디나 가사에 주의를 빼앗기므로 뇌가 정보 처리에 부담을 느낍니다.

음악을 듣고 싶다면 음악을 들으며 작업하기보다는 휴식 시간에 듣는 편이 집중력을 높이는 데 더 효과적이다. 음악이 뇌 번지의 준비 체조 역할을 하기 때문이다.

예를 들어, 졸릴 때는 쉬는 시간에 빠른 템포의 노래를 듣는다. 리듬은 운동계 뇌 번지에 영향을 주기 때문에 빠른 템포의 곡을 들으면 기분이 좋아지고 졸음을 깨울 수 있다. 반대로 초조하거나 바쁘다는 생각이 들 때는 느린 템포의 노래를 듣는다. 느린 템포의 곡은 흥분을 가라앉히는 작용을 한다. 좋아하는 노래를 들어도 좋다. 좋아하는 노래도 심리적 부담을 덜어 주는 효과를 기대할 수 있다.

다음 일정이 거래처에서 프레젠테이션하는 것이라면 평소 자주 들어서 익숙한 노래를 듣자. 그러면 언어를 다루는 전달계 뇌 번지를 자극할 수 있다. 나의 경우 기운을 내고 싶을 때는 감정계 뇌 번지를 자극할 수 있는 노래를 듣고, 글을 쓰는 등의 창작 활동을 할 때는 사고계 뇌 번지를 자극할 수 있는 곡을 듣는다.

너무 조용한 환경에서는 집중을 못 해 음악이 꼭 필요한 사람이라면 보컬이 없고 지금껏 들어 본 적 없는 음악이나 자신이 모르는 언어로 부르는 외국 노래를 듣자. 가사로 인해 주의가 산만해지는 것을 막을 수 있다.

Q 입는 옷이 집중력에 영향을 미치나요?

A 사람마다 다릅니다. 집중할 수 있게 편안한 느낌의 옷을 입으세요.

많은 사람들이 입는 옷에 따라 그날의 기분이 달라질 것이다. 옷을 갈아입으면 뇌 번지 전환에 도움을 줄 수 있으므로 입는 옷에 신경을 쓰는 것도 중요하다.

운동선수라면 평상복보다 유니폼을 입을 때 움직이기 편하고 집중하는 데 도움이 될 것이다. 반면 학교에 가기 싫은 학생이라면 교복을 입는 순간 오히려 집중력이 떨어질 우려가 있다.

나의 경우에는 옷이 너무 꼭 끼거나 피부에 닿는 감촉이 좋지 않으면 집중력이 흐트러진다. 따라서 디자인 이상으로 답답하지 않은 옷, 익숙한 옷을 중요하게 생각한다. 한편, 주황색이나 빨간색처럼 기운을 북돋아 주는 밝은색 쪽이 집중하기에 좋다.

사람들 앞에 설 때는 캐주얼한 옷보다 격식을 차린 옷이 집중력을 끌어 올린다. 장소와 상황에 맞는 옷을 준비하는 것도 집중력을 높이는 하나의 방법이다.

Q 목표를 이룬 자신을 상상하면 집중력을 발휘할 수 있다고 합니다. 정말일까요?

A 그렇습니다. 사실입니다. 뇌는 목표에 자신을 맞추려는 특성이 있습니다.

사람의 뇌는 환경이나 스스로 설정한 목표에 적응하려는 특징이 있다. 따라서 목표가 뚜렷할수록 상상한 대로 실행하려고 하고 목표를 이루는 데 필요한 정보를 모으려는 뇌의 구조가 강하게 작용한다. 그래서 이렇게 하고 싶다는 목표를 며칠간 반복해서 쓰거나 입으로 소리 내어 말하면 뇌는 무의식적으로 목표를 달성한 자신의 모습을 향해 일하기 시작한다.

단, 주의할 것이 있다. 실제로 원하는 모습과 반대되는 행동을 하거나 다른 목표를 동시에 설정하면 서로 충돌이 일어나 오히려 뇌의 집중력을 떨어뜨리는 결과를 가져온다. 그러므로 신중하게 목표를 설정하면 능동적 자세와 강한 동기 부여를 통해 해야 할 일이 명확해지는 효과가 있어 뇌의 집중력을 높이는 데 도움이 된다.

Ⓠ 방의 온도, 습도, 밝기도 집중력에 영향을 미칠까요?

Ⓐ 그렇습니다. 영향을 줍니다. 너무 덥고 춥거나 조명이 어두우면 집중력이 떨어집니다.

작업 환경이 너무 덥거나 추우면 집중력이 떨어진다. 자율신경과 교감신경은 자극을 받으면 심장 박동과 혈압이 올라가 집중력을 유지하기 어렵다.

예를 들어 2022년 일본에서 시행한 학교 환경 위생 기준에 따르면, 학교 교실의 온도는 18℃ 이상, 28℃ 이하가 바람직하다고 한다. 온도에 대한 감각은 나이와 체질에 따라 개인차가 있으므로 18℃ 이상, 28℃ 이하를 기준으로 자신이 쾌적하게 느끼는 온도로 조절하자.

집중해서 작업하려면 충분한 빛도 필요하다. 조명이 어두우면 멜라토닌 분비가 촉진되어 졸음을 느끼게 된다. 또한 방 전체의 조명만으로는 책상 위의 빛이 부족하기 때문에 밝기를 보완하기 위해 스탠드 조명을 추가하는 것도 좋다.

빛의 색에 대한 선호도는 개인마다 다르며 눈이 받는 자극에 대한 반응도 사람마다 차이가 있다. 따라서 집중력을 높이는 밝기의 정도를 단정할 수는 없다. 하지만 일반적으로 푸른빛이 강한 조명(색온도가 높은 빛)은 뇌를 각성시키고 집중력을 높이는 작용을 하며, 붉은빛이 강한 조명(색온도가 낮은 빛)은 마음을 안정시키는 효과가 있다. 따라서 뇌를 활성화하고 싶을 때는 색온도가 높은 조명(하얀빛 또는 형광등 색)이 더 적합하다.

Q 향과 집중력의 관계를 알고 싶습니다. 좋아하는 향기를 맡으면 집중력이 올라갈까요?

A 향기는 전두엽 사고계 뇌 번지의 기능에 영향을 줄 수 있습니다.

공부나 업무를 시작하기 전 혹은 휴식 중에 좋아하는 향기를 맡으면 집중력 향상과 안정 효과를 기대할 수 있다. 예를 들어, 카다몬이나 라벤더 향기는 혈관을 확장하는 작용을 하여 혈류를 원활하게 한다. 혈액 순환이 좋아지면 뇌에 신선한 산소가 공급되므로 집중력이 향상된다.

중요한 것은 자신에게 기분 좋고 상쾌한 향을 경험적으로 찾아내 이를 잘 활용하는 것이다. 집중력을 높이는 향기로는 카다몬, 라벤더, 유칼립투스, 티트리, 블랙페퍼, 페퍼민트, 레몬 등을 추천한다.

힘들이지 않고

집중 뇌를 만드는 법

집중할 때는 화가 많은 사람을 피해라

습관과 환경을 바꾸면
뇌는 더 쉽게 집중한다

—

집중력은 뇌가 만드는 능력이다. 따라서 자신의 뇌가 잘하는 것과 부족한 것을 이해할 필요가 있다. 자신이 많이 사용하지 않았던 뇌 번지는 단련하고 자주 사용하는 뇌 번지는 더욱 강화하는 것이 집중력을 높이는 요건(필요 조건)이다.

하지만 뇌 번지를 단련한다고 해서 언제 어디서든 100% 집중력을 발휘할 수 있는 것은 아니다. 집중력을 극대화하려면 뇌를 성장시키는 동시에 뇌가 잘 기능할 수 있게 자신의 컨디션(심신의 상태)을 조절하고, 뇌가 활성화되기 쉬운 주변 환경을 조성하는 조건을 충족해야 한다.

뇌는 주변 환경에 크게 좌우된다. 특히 우뇌는 좌뇌보다 환경 변화를 더 예민하게 감지하므로 우리가 인식하지 못하는 사이에도 주변에서 받은 영향이 행동으로 나타난다. 그러므로 집중하기 위해서는 우뇌가 받아들이는 정보를 조절해야 한다. 예를 들어 눈에 들어오는 빛의 세기에 따라서도 뇌가 다르게 작용한다. 시각계 뇌 번지가 발달한 사람이라도 어두운 방에서는 글자가 잘 보이지 않기 때문에 자신이 지닌 집중력을 충분히 발휘하지 못한다.

또한 수면 부족이 지속되면 치매와 관련이 있는 베타 아밀로이드 단백질, 타우 단백질 등 뇌 속의 노폐물이 제대로 배출되지 않아 뇌 기능이 저하된다. 해마(단기 기억과 관련된 기억계 뇌 번지의 중추)가 약해져 기억력이 떨어지고 도파민(의욕을 담당하는 신경 전달 물질)의 분비가 줄어 무기력해질 수 있다. 뇌와 수면의 관계에 대해서는 이후에 설명한다.

게다가 긴장도 집중력의 큰 적이다. 많은 사람 앞에서 발표를 해야 할 때, 시험 때, 중요한 경기나 시합을 앞두고 있을 때 등 극도로 긴장된 상황에서는 집중력을 제대로 발휘하지 못한다. 물론 적당한 긴장감은 사고력을 활성화하고 행동의 동기를 부여하지만 긴장으로 인한 스트레스가 지나치면 뇌의 기능이 저하될 수 있다.

화를 잘 내는 사람은
집중력을 흐트러뜨린다
—

여러분 주변에 화를 잘 내는 사람이 있는가? 만약 있다면 주의해야 한다. 화를 잘 내는 사람이 가까이에 있는 환경에서는 집중하기 어렵다.

분노라는 감정은 주변 사람에게 쉽게 전염된다. 우뇌의 감정계 뇌 번지가 타인의 감정을 감지하기 때문이다. 화를 내는 사람이 옆에 있으면 자신도 불쾌감이 들거나 분노를 느낀다. 그러면 뇌의 혈류가 과도하게 증가해 집중력이 흐트러지고 좌뇌의 언어 처리 능력이 약해지기 때문에 적절한 판단을 내리지 못한다. 반대로, 집중력이 높은 사람과 함께 있으면 자신도 집중력이 강해진다.

뇌를 단련하는 것은 물론이고, 작은 습관을 바꾸거나 작업 환경을 개선하기만 해도 집중력을 발휘할 수 있다. 다시 말해, 뇌 번지 간의 연계가 활성화되어 뇌의 기능이 향상된다. 집중력을 발휘하고 유지하기 위해서는 두뇌 트레이닝 이외에도 생활 습관과 환경을 정비하는 것이 중요하다. 자신의 집중을 방해하는 원인을 파악하고 개선하면 뇌가 가진 힘을 효율적으로 활용할 수 있게 된다.

　뇌를 단련하고 컨디션을 조절하고 환경을 바꾸는 것은 너무 어려운 일이라고 생각할 수 있지만 걱정하지 않아도 된다. 지금부터 소개하는 집중력을 높이는 요령을 알면 적은 노력만으로도 지금보다 훨씬 더 높은 집중력을 갖게 될 것이다.

지금 집중을 방해하는 건 과거의 나

집중력은
과거에서 온다

—

집중력은 뇌가 만드는 능력이지만 한편으로는 과거에서 오는 것이라 생각할 수 있다. 무슨 말인지 이해할 수 있는가?

과거에서 온다는 것은 오늘보다 그 이전부터 내가 해온 습관들(과거)에 영향을 받고 있다는 의미다. 지금의 내가 집중하지 못하는 이유는 과거의 내게 있다. 예를 들어, 어제 밤을 새서 수면이 부족할 때 졸음이 몰려온다면 집중력을 발휘할 수 없다. 이때는 어젯밤의 일이 지금 영향을 미치고 있음을 알 수 있다.

저녁 식사 시간이 늦는 사람(또는 저녁 식사 후 바로 잠자는 사람)은 아직 소화가 다 끝나지 않은 상태에서 잠자리에 들게 된다. 그러면 뇌는 수면 중에도 장과 계속 소통하려 하기 때문에 제대로 쉴 수가 없다. 늦은 시간에 저녁 식사를 하는 전날의 나쁜 습관이 다음 날 자신의 뇌에 부담을 주는 것이다.

재택근무로 인해 걷는 시간이 줄어든 사람도 인지 기능의 저하가 우려된다. 걷는 동작은 단순한 움직임이 아니라 새로운 자극을 주는 활동이다. 그리고 그 자극은 뇌의 성장을 촉진한다. 걸으면 걸을수록 뇌가 활성화된다는 말은 곧 걷지 않을수록 뇌가 약해진다는 의미이기도 하다. 결국 운동이 부족하면 근육뿐 아니라 집중력도 저하된다. 지금 집중력이 오르지 않는 것은 평소 걷지 않는 습관이 원인일 수도 있다.

스마트폰의 지나친 사용도 뇌의 불균형에 영향을 미친다. 스마트폰 화면을 볼 때는 시각계 뇌 번지를 사용하는데 이 영역은 뇌의 다른 부분을 고르게 활성화하지 못한다. 따라서 스마트폰을 지나치게 사용하면 이해력, 사고계 뇌 번지를 유연하게 활용하지 못하고 결국 화면을 보는 데에만 익숙해져 일상생활에도 지장을 주게 된다. '먼 곳을 보지 않는다', '사람과 직접 소통하지 않는다', '기억하지 않는다', '말하는 시간이 줄어든다', '운동을 하지 않는다' 등의 이유로 뇌 전체의 성장 균형이 무너진다.

이렇듯 지금까지의 무심한 행동과 생활 습관이 지금 나의 뇌 기능에 영향을 준다. 뇌에 해로운 생활을 지속하면 뇌는 정상적으로 작동하지 않게 된다. 집중하고 싶을 때 집중할 수 있는 뇌를 만들려면 생활 습관을 개선하는 것이 중요하다. 규칙적인 생활 리듬을 되찾고, 과식과 과음을 피하며 적절한 운동을 하려 노력한다면 뇌의 기능과 집중력이 점차 향상될 것이다.

하루 중 가장 중요한 때는 수면 시간

**밤 새서 준비하는 것보다
빨리 자는 게 더 낫다**

─

나는 30대에서 40대에 걸쳐 한 번도 아니고 여러 번 계속해서 인생 최대의 실수를 거듭했다. 그 실수란 바로 연구에 몰두한 나머지 수면 시간을 줄였던 것이다.

그 당시 나는 뇌에 수면이 얼마나 중요한지 알고 있었음에도 연구에 대한 열정을 내세워 잠자는 시간을 줄여가며 일했다. 하지만 지금은 완전히 다르다. 가족에게도 180도 다른 조언을 한다. 과거에는 잠자는 시간을 아껴서 공부하라고 했다면 지금은 충분한 수면 시간을 확보하고 푹 자고 난 후에 공부하라고 말한다. 처음엔 아이들도 "아빠, 예전과는 말이 완전히 다른데 괜찮을까요?"라며 곤란해했지만 과학적인 근거를 제시하자 곧 수긍했다.

나도 일과 연구에 할애하는 시간 이상으로 평균 수면 8시간 이상을 유지하려 노력하고 있다. 물론 여전히 뇌 연구에 대한 열정을 가지고 있지만 그럼에도 수면 시간을 최우선으로 삼고 있다. 왜냐하면, 잠을 아껴가며 연구할 때보다 8시간 이상 양질의 수면을 취할 때가 깨어 있는 12시간 내내 집중력을 유지하는 데 더 도움이 되기 때문이다.

충분한 수면을 취하면 행복감이 상승해 아침부터 잠들 때까지 높은 집중력을 유지할 수 있다. 낮 동안의 집중력이 졸음의 방해를 받지 않아 업무 성과가 양적으로나 질적으로 모두 비약적으로 향상되는 동시에 스트레스를 거의 받지 않는다.

집중력이 한 번 끊기면 이를 다시 끌어올리는 데는 상당한 정신적 에너지가 소모된다. 다시 말해 낮에 집중력이 자주 떨어지는 사람일수록 그만큼 많은 스트레스를 받는 것이다. 따라서 낮 동안 높은 집중력을 유지하려면 집중력이 바닥나기 전에 틈틈이 휴식 시간을 갖는 것이 좋다. 나는 '몰입하는 것과 집중하는 것은 다르다. 무언가에 쉬지 않고 계속 열중하면 결국 뇌가 황폐해진다'라는 사실을 경험으로 터득했다.

뇌에 있어서 수면은 무엇보다 중요하다. 하룻밤을 꼬박 새우면 뇌의 기능이 맥주 한 병을 마신 것과 같은 정도로 저하된다고 한다. 따라서 집중력이 떨어지는 것은 당연하다. 또한 수면 시간이 부족하면 치매, 당뇨병, 암, 심근경색, 우울증 등의 발병 위험이 커진다는 사실도 데이터로 입증되었다.

뇌는 수면 중에만 할 수 있는 기능을 지니고 있다. 잠을 자는 동안에 뇌는 주로 다음과 같은 역할을 한다.

 중요 포인트

수면 중에 뇌는 어떤 일을 할까?
- 뇌와 몸을 쉬게 한다.
- 기억을 정리하고 정착시킨다.
- 뇌의 노폐물을 배출한다.
- 호르몬 균형과 면역 기능을 조절한다.
- 꿈을 꾸면서 뇌의 기능을 재구성한다.

수면 시간이 짧거나 길더라도 깊이 잠들지 못하는 경우 혹은 쉽게 잠들지 못하는 경우에는, 수면 중에만 할 수 있는 활동이 제대로 이루어지지 못한다. 그러면 다음 날 충분히 각성이 안 된 채로 졸음이 뇌를 지배하여 뇌에 좋지 않은 영향을 미친다. 즉, 뇌가 수면 중에 해야 할 역할을 충분히 할 수 있게 해 주는 수면 시 집중력이 필요한 것이다.

　각성 시 집중력은 수면 시 집중력에 의해 좌우된다. 올바른 수면을 취하면 뇌의 활동이 향상되는 것을 실감할 수 있을 것이다. 각성 시와 수면 시, 두 가지 집중력을 모두 높이는 것이 중요하다. 둘은 서로 밀접한 관계를 맺고 있다. 따라서 내일 절대 실패하면 안 되는 프레젠테이션이 있거나 중요한 시험이 있다면 밤늦게까지 준비하기보다 일찍 자서 뇌의 상태를 최적화하는 것이 훨씬 더 각성 시 집중력에 도움이 된다.

뇌에서 커지는 집중력

8시간 이상만 자도 집중력이 오른다

집중력을 높이려면
올바른 방법으로 자라

—

그렇다면 집중력을 높이기 위해서는 어떻게 수면을 취해야 할까? 집중력을 높이는 수면의 주요 포인트는 다음 6가지다.

❶ 성인은 하루 평균 8시간 이상의 수면이 필요하다

낮 동안 뇌의 기능을 활성화하려면 하루 평균 8시간 이상(7시간 30분~9시간)의 수면을 확보해야 한다. 하루 6시간의 수면을 취하는 사람과 7시간의 수면을 취하는 사람을 비교했을 때 다음과 같은 결과가 나왔다.

- 2주간 6시간 수면을 지속한 사람의 인지 능력은 이틀 연속 철야한 사람과 동일한 수준까지 저하된다(워싱턴 주립대학, 펜실베이니아 대학 연구팀의 실험 결과).
- 6시간밖에 자지 않은 사람에게는 알츠하이머형 치매를 유발한다고 알려진 베타 아밀로이드 단백질과 타우 단백질이 더 많이 축적되었다.

❷ 밤 10시에 자고 아침 7시에 일어난다

인간의 뇌와 몸에는 아침에 일어나 낮 동안 활동하고 밤에는 잠을 자는 기능이 있다. 이것을 생체 리듬(circadian rhythm)이라 한다.

연령대별 권장 수면 시간

연령	수면 시간
4~12개월	12~16시간(낮잠 포함)
1~2세	11~14시간(낮잠 포함)
3~5세	10~13시간(낮잠 포함)
6~12세	9~12시간(규칙적인 수면)
13~17세	8~10시간(규칙적인 수면)
18~64세	7~9시간
65세 이상	7~8시간

※ (　) 안은 허용 범위 시간

- 젊은 성인, 수면이 부족한 사람, 질병이 있는 사람은 밤에 9시간 이상 자는 것이 좋다.
- 수면 시간 7시간 미만은 실적 저하, 실수 증가, 통증 증가와 관련이 있다.
- 권장 수면 시간을 규칙적으로 지키는 것은 주의력, 행동, 학습, 기억, 감정 조절 등의 향상과 관련이 있다.

원래 인간은 태양의 움직임에 맞춰 생활하는 것이 뇌의 기능을 활용하는 가장 좋은 방법이라고 한다. 생체 리듬은 호르몬 분비, 장기의 기능, 자율 신경 등 인간이 생명을 유지하는 데 중요한 기능이다.

'평균 8시간 이상 수면 시간을 확보할 수 있다면 어느 시간대에 자도 괜찮지 않을까?'라고 생각할 수도 있다. 하지만 그 생각은 옳지 않다. 생체 리듬에 맞춰 일정한 시간에 기상하고 취침하는 것이 중요하다.

같은 시간대에 동일한 뇌의 기능을 발휘하려면 일정한 습관이 필요하다. 구체적으로 말하면 밤 10시에 자고, 아침 7시에 일어나는 것이 이상적이다. 만약 밤 10시가 늦다면 9시에 자고 6시에 일어나기를 목표로 한다. 이렇게 하면 뇌가 본래 지닌 가장 좋은 기능을 발휘할 수 있다.

예를 들어, 어제 9시에 일어난 사람이 오늘 6시에 일어나더라도 뇌는 3시간이 지난 9시가 되어서야 집중력을 끌어올릴 수 있게 준비하고 있을 것이다. 즉, 뇌가 집중하는 시간을 일정하게 유지해야 한다. 이런저런 일을 하다 밤늦게 잠드는 사람이 많다. 이런 경우 기상뿐 아니라 취침 시간을 알리는 알람을 설정하면 밤늦게까지 깨어 있는 것을 방지할 수 있다.

❸ 오후 5~6시 이후 카페인 섭취는 금지, 알코올은 취침 3시간 전까지

카페인은 커피, 홍차, 녹차, 콜라, 초콜릿 등에 포함되어 있다. 카페인은 각성 효과(잠을 깨우는 효과)가 있어 낮 동안에는 집중력을 높여 준다. 하지만 취침 전에 과잉 섭취하면 수면의 질을 떨어뜨린다. 오후 5~6시 이후(최소 취침 2시간 전 이후)에는 섭취를 피하는 것이 좋다.

나도 커피를 좋아해서 예전에는 하루 종일 마셨지만 지금은 습관을 바꿨다. 커피는 아침에 잠을 깨야 할 때나 아침과 낮 동안 소량만 마시려 노력한다. 그리고 저녁 이후에는 커피 대신 루이보스 차와 같은 무카페인 차를 마신다.

또한 알코올은 대사(체내 흡수된 알코올이 처리되는) 과정에서 뇌가 활성화될 수 있어 과음하면 수면 리듬이 깨질 수 있다. 특히 잠자기 전에 마시는 술은 수면 사이클이 불안정해지고, 소변을 보기 위해 자주 잠에서 깨고, 숙취가 남고, 코골이가 심해지는 등 수면의 질을 떨어뜨리는 원인이 된다. 따라서 술은 적당한 양을 취침 3시간 전까지 마시는 것이 좋다. 또한 뇌 건강을 위해 일주일에 며칠은 술을 마시지 않는 날로 정하는 것도 효과적이다.

❹ 잠자기 전 3시간 동안은 PC, 스마트폰, TV 사용 금지

스마트폰, TV 같은 디지털 기기의 액정에서는 속칭 블루라이트라고 부르는 푸른빛이 나온다. 블루라이트는 뇌를 각성시키는 작용을 하기 때문에 화면을 계속해서 보면 생체 리듬이 깨질 우려가 있다.

취침 전에 스마트폰 등의 디지털 기기 화면을 보는 것은 뇌를 향해 '깨어라', '집중해라', '일어나라'라고 명령하는 것과 같다. 따라서 잠자기 3시간 전부터는 스마트폰을 손이 닿지 않는 곳에 두거나 전원을 꺼두는 것이 바람직하다.

❺ 방을 어둡게 하고 잔다

밤이 되면 뇌에서 잠을 유도하는 호르몬인 멜라토닌이 분비된다. 이 호르몬이 충분히 분비된 뒤에는 뇌에서 성장 호르몬이

나온다. 이 성장 호르몬은 뼈, 근육, 장기, 혈액 등 모든 세포를 재생하고 생성하는 역할을 한다.

하지만 멜라토닌은 빛을 받으면 분비가 줄어든다. 따라서 침실 조명이 너무 밝으면 멜라토닌 분비를 억제하므로 잘 때는 방을 어둡게 하는 것이 중요하다. 저녁 8시 이후에는 조명을 어둡게 하여 뇌가 자연스럽게 수면 신호를 받아들일 수 있는 실내 환경을 조성하자.

나는 빛을 차단하기 위해 수면용 안대를 쓰고 잔다. 안대는 외부의 빛을 차단하고 눈을 감는 행동을 의식적으로 유도하며, 외부 자극과 건조로부터 보호하는 역할을 하기 때문에 숙면을 할 수 있다. 또한 나는 소리에 민감한 편이어서 잠들기가 쉽지 않고 이른 아침 소음으로 잠이 깨기 쉬우므로 종종 헤드폰을 끼고 잠들기도 한다.

❻ 잠자리 준비를 마치고 '좋아, 이제 잘까?' 하고 뇌에 말한다

예를 들어, TV를 켜 놓은 채로 잠들어 버리면 뇌가 충분한 휴식을 취하지 못한다. 수면의 질을 높이려면 뇌를 OFF 모드로 전환해야 한다. 이를 위해서는 잠드는 것이 아니라 잘 준비를 마치고 '오늘 하루 수고했어', '이제 잘까?' 하고 자신에게 말을 걸도록 한다.

나는 저녁에 카페인을 섭취하지 않고, 밤 8시 이후에는 일하지 않으며, 밤 10시 30분까지 잠자리에 들고, 8시간 이상 자도록 수면 습관을 개선했다. 그리고 이를 통해 극적으로 향상된 집중력을 경험할 수 있었다.

나는 그동안 내가 집중력이 꽤 좋은 편이라고 생각했었는데, 수면 습관을 바꾸고 나서 나 자신이 느낀 것보다 더 집중력이 좋았다는 사실을 깨닫게 되었다. 수면 시간과 질을 바꾼 덕분에 밤에는 2시간 걸리던 일을 아침에 30분 만에 끝낼 수 있게 되는 등 일의 시간과 질도 달라졌다.

수면 시간은 충분한데
계속 졸린다면 병일 수도

—

뇌는 일을 하는 데 많은 양의 산소를 소비한다. 그런데 수면이 부족하면 충분한 산소를 공급받지 못한다. 산소 부족 상태가 지속되면 뇌의 혈류가 저하되어 집중력 저하, 주의력 부족, 판단력 부족을 초래할 수 있다. 충분한 수면을 취하고 있는데 졸음이 계속된다면 폐쇄성 수면 무호흡증의 가능성을 고려해야 한다.

폐쇄성 수면 무호흡증은 잠자는 동안 동맥혈 산소 포화도가

98% 이하로 떨어지거나 무호흡 상태가 90초에서 120초까지 반복되는 질병이다(동맥혈 산소 포화도는 동맥혈 속 산소와 결합한 헤모글로빈이 차지하는 비율이다). 수면 중 무호흡을 방치하면 뇌와 심장이 만성적인 손상을 입고 알츠하이머형 치매로 진행될 가능성이 높다. 뇌파 검사와 함께 수면 검사를 받기를 권장한다.

우선순위가 높은 일은 오전 중에

뇌의 기능에 맞춰
시간을 활용하자

—

집중력이 높은 사람은 무의식중에 담배를 피우거나 자신도 모르게 스마트폰에 손이 가는 등 계획에도 없는 일에 시간을 소비하지 않는다. 그 이유는 처음부터 스마트폰 볼 시간을 내지 않거나, 기지국 신호가 잡히지 않는 곳에서 일하는 것처럼 애초에 시간을 낭비할 기회를 만들지 않기 때문이다.

시간 활용을 잘하는 사람은 일반적으로 집중력이 높은 편이다. 해야 할 일이나 작업이 많더라도 자신이 정한 시간 안에 일을 끝내기 위해 집중력을 유지한다. ×× 시간대에는 ○○을 하고, △△ 시간대에는 ▢▢을 하는 것처럼 시간을 능숙하게 조절한다.

여러분은 어떤가? '어느새 하루가 다 가 버렸다', '오늘 내가 뭘 했지?', '해야 할 일이 있었는데 하나도 못 했다'라고 느끼며 시간을 허비하고 있지 않은가? 시간은 유한하여 한 번 지나가면 두 번 다시는 되돌릴 수 없다. 돈이 아무리 많아도 시간을 살 수는 없다. 그럼에도 소중한 시간을 낭비하며 보내는 것은 뇌의 기능에 맞는 시간을 활용하지 못하기 때문이다.

어떻게 시간을 쓰고 어떤 시간에 무엇을 할지에 따라 집중력이 달라진다. 인간은 아침에 일어나서 밤에 잠들 때까지 뇌가 줄곧 일정한 수준의 각성 상태를 유지하지 않는다. 인간에게는 생체 리듬이 있어서 뇌가 활성화되어 집중력이 높은 시간대(피크 타임)가 있고 반대로 뇌의 활동이 둔화하는 시간대(휴식 타임)가 있다. 피크 타임과 휴식 타임에 맞춰 시간을 배분하면 일과 공부 모두 효율적으로 진행할 수 있다.

보통은 아침에 제대로 뇌를 깨우면 오전에 피크 타임을 맞을 수 있다. 그리고 저녁 시간까지 이 집중 상태를 유지할 수 있다. 저녁 이후에는 멜라토닌이 분비되어 뇌가 휴식 모드에 들어간다.

나 역시 생체 리듬을 고려하여 아침을 기준으로 그날의 시간표를 짠다. 우선순위와 중요도가 높은 일은 오전에 처리하고 저녁 8시 이후에는 가능한 한 일을 하지 않으려 노력한다. 현재 오후에 피크 타임이 시작되는 사람은 일을 오전 시간대로 옮기기만 해도 뇌가 더 오랜 시간 집중할 수 있을 것이다.

5분만 걸어도 집중력이 회복된다

운동을 하지 않으면
근육뿐 아니라 뇌 기능도 떨어진다
—

내가 의대 합격을 목표로 공부할 때 좀처럼 집중도 되지 않고 성적도 오르지 않은 시기가 있었다. 그 원인은 바로 운동 부족이었다.

당시 나는 의대에 합격하기 위해서는 촌각을 아끼며 공부해야 하기에, 체력에 자신이 있으니 운동은 필요 없고 차라리 운동할 시간에 공부하는 게 더 낫다고 믿었다. 그러나 그것은 잘못된 생각이었다. 뇌의 집중력을 높이고 사고력과 판단력, 기억력을 발휘하려면 매일 적당한 운동이 필요했다.

뇌와 몸은 연결되어 있어 몸을 움직이면 뇌도 활성화된다. 반대로 운동을 하지 않으면 근육뿐만 아니라 뇌의 기능도 약해진다. 우리 인간의 뇌는 운동을 하지 않으면 집중력도 오르지 않는 구조로 되어 있다. 몸의 움직임과 뇌의 기능은 서로 연결되어 있기 때문에 활동하지 않으면 집중하지도 못한다고 말할 수 있다.

뇌의 MRI 영상을 보면 운동을 자주 하는 사람의 뇌는 8개 뇌 번지의 네트워크가 활성화되어 있다. 이와는 반대로 운동이 부족한 사람은 뇌 번지의 네트워크가 약하고 불안정한 것을 확인할 수 있다. 이렇듯 운동 부족이 지속되면 운동계 뇌 번지 이외의 기능까지 저하될 수 있다. 뇌의 생산성을 높이려면 8시간 이상 숙면을 취하고 하루 1시간 정도 운동을 하자.

걷기만 해도
많은 뇌 번지가 활성화된다

—

뇌에서 운동계 뇌 번지가 행동과 동작을 담당한다. 이 운동계 뇌 번지는 모든 뇌 번지와 밀접하게 연결되어 있기 때문에 걷기만 해도 운동계 이외의 뇌 번지도 활성화된다.

운동계 뇌 번지는 다른 뇌 번지와 밀접하게 연결되어 있다.

- 걷기 위해 발에 힘을 주라고 명령하거나 어느 길로 갈지 판단하는 영역은 사고계 뇌 번지다.
- 턱이 있다거나 신호등이 빨간불이 되는 등 눈으로 정보를 수집하는 영역은 시각계 뇌 번지다.
- 근처에서 경적 소리가 나거나 자동차 엔진 소리가 들리는 등 귀를 통해 정보를 수집하는 영역은 청각계 뇌 번지다.
- 지금 어디를 걷고 있는지, 주변에 무엇이 있는지 이해하는 영역은 이해계 뇌 번지다.
- 꽃이 피어 있어서 예쁘고, 사람이 많아 불쾌하고, 바람이 상쾌한 것 등 감정을 느끼는 영역은 감정계 뇌 번지다.

걷기는 단순한 동작이 아니라 뇌에 다양한 자극을 주는 행동이다. 그리고 그 자극이 뇌를 활성화한다.

쉽고 효과적인
운동인 걷기

—

집중력이 떨어졌거나 머리가 잘 안 돌아간다고 느낄 때 몸을 움직이면 집중력이 회복된다. 그중 가장 간단하면서도 효과 좋은 방법이 바로 걷기 운동이다.

걸으면 운동계 뇌 번지뿐 아니라 연결된 다른 뇌 번지의 네트워크를 활성화한다. 또한 오른쪽 발을 들어 올리면 왼쪽 뇌의 전두엽을, 왼발을 들어 올리면 오른쪽 뇌의 전두엽을 자극하여 뇌를 균형 있게 사용할 수 있다. 집중력을 높이는 걷기의 포인트는 다음과 같다.

● 목적을 가지고 걷는다

강아지와 산책하기, 쇼핑하기, 좋아하는 카페 가기 등 걷는 목적과 동기를 결정하자. 그냥 걷는 것보다 동기가 있는 편이 뇌에 자극을 줄 수 있다. 또한 산책하면서 파란색 물건 찾기 또는 개성 넘치는 광고판 찾기 등 주제를 설정하면 주변을 더 주의 깊게 관찰하게 되므로 시각계 뇌 번지의 활성화에 도움이 된다.

나에게는 산책 시간이 영감 타임이기도 하다. 하루의 계획이나 어제 미뤄 두었던 일, 연구 과제 등을 머릿속에 떠올리며 걷다 보면 새로운 발상과 문제 해결의 힌트를 발견할 수 있다.

● 매일 1시간씩 걷는다

얼마나 걷는 게 적당할까? 그 기준은 하루 1시간(걸음 수 약 6,000보, 거리로는 4~5킬로미터) 정도이다. 나는 하루 4.5킬로미터 이상 걷기를 목표로 하고 있다. 개인적으로는 3킬로미터 이하로 걷는 날이 이어지면 의욕이 저하되고, 집중을 잘 못한다. 그

뿐만 아니라 아이디어가 잘 떠오르지 않고 잠을 깊이 자지 못하는 등 뇌 기능이 둔해지는 것을 느낀다.

단, 걷는 것에 익숙하지 않은 사람이 처음부터 장거리를 걸으면 몸에 통증이 생길 수 있으므로 매일 꾸준히 걸을 수 있는 거리를 찾는 것이 중요하다. 기저 질환이 있는 사람은 의사와 상담하여 적절한 운동량(시간, 걸음 수, 거리)을 정하도록 한다. 집중력이 떨어졌다고 느낄 때는 5분 정도 걷기만 해도 효과를 느낄 수 있다.

추천 보행 거리

생활 스타일	목적	시간	걸음 수	거리
대부분 앉아서 일함 (1일 8시간)	지적 생산성 향상	80분	6,500보	5km
앉아서 많이 일하는 편 (초보자에게 추천)	뇌의 건강 상태 유지	60분	5,000보	4km
앉아서 하는 일 4시간, 서서 하는 일 4시간	스트레스 경감	40분	3,500보	3km

● 걷는 시간대를 의식한다

걷는 시간대에 따라 뇌 번지의 기능이 달라질 수 있다.

● 아침에 걸으면서 뇌를 깨운다

오전 9시까지 뇌를 깨우면 뇌가 생체 리듬에 맞춰 기능하게 된다(앞에서 언급한 생체 리듬). 기본적으로는 낮이나 밤보다 아침에 산책하기를 추천한다. 나도 아침에 산책을 한다.

● 점심에 걸으면서 기분을 전환한다
일할 때는 주로 이해계 뇌 번지를 사용하는데, 점심시간에 산책을 하며 운동계 뇌 번지를 활성화하면 일하면서 사용한 뇌 번지를 쉬게 할 수 있다.

● 오후 4~6시에 걸으면서 휴식한다
퇴근 후 뇌가 지쳐 있을 때는 사람이 많고 상점들이 밀집한 곳을 피해 걷는다. 그러면 뇌에 들어오는 정보량을 줄여 긴장을 풀고 휴식하는 데 도움이 된다.

바르게 앉아야 바르게 집중한다

앉는 자세가 나쁘면
집중력은 좋아지지 않는다

—

오랜 시간 책상에 앉아 일을 하면 너무 지치고 앉아서 작업하면 어깨가 결려 집중할 수 없다면 그 원인은 앉는 자세 때문일 수 있다. 오랜 시간 책상에 앉아 작업해야 한다면 올바르게 앉는 자세를 익혀야 한다. 어떤 의자에 어떻게 앉는지, 어떤 자세로 작업을 하는지에 따라 집중력이 달라진다.

왜 올바른 자세로 앉아야 집중력을 유지할 수 있을까? 그것은 무너진 자세가 뇌에 영향을 주어 기능을 둔화시키기 때문이다. 자세가 나쁘면 집중하지 못하는 세 가지 이유는 다음과 같다.

뇌에서 켜지는 집중력

첫째, 자세가 나쁘면 머리와 연결된 목, 어깨, 등에 부담이 간다. 이러한 부담을 보완하기 위해 운동계 뇌 번지와 사고계 뇌 번지가 불필요한 반응을 하게 된다.

둘째, 등이 굽고 자세가 구부정하게 되면 폐를 압박해 호흡이 얕아진다. 그 결과 뇌에 공급되는 산소의 양이 감소한다.

셋째, 뇌에는 몸의 불균형이나 뭉친 근육을 감지하는 기능이 있다. 불균형이나 뭉침을 감지하면 뇌는 몸의 균형을 맞추기 위해 근육에 지시를 내린다. 오랫동안 앉아 있어 몸이 경직되면 운동계 뇌 번지가 뭉친 근육에 이완하라고 지시를 내리기 때문에 평소보다 더 많은 산소를 사용하게 된다.

올바른 자세로 앉으면 허리부터 등, 머리까지 중심이 안정되므로 뇌에 큰 부담을 주지 않는다. 책상의 높이와 의자의 높이가 맞으면 오랜 시간 앉아 있어도 쉽게 피로를 느끼지 않고 집중력이 오래간다.

 중요 포인트

집중력을 높이는 올바른 자세
❶ 의자에 앉아 좌우 좌골이 의자에 밀착되도록 허리를 곧게 편다.
❷ 턱을 당긴다. 턱이 앞으로 나온 상태가 계속되면 굽은 등의 원인이 된다.

서서 회의하면
정말 집중력이 올라갈까?

—

앉아서 하는 회의와 서서 하는 회의 중에서 집중력에 도움이 되는 방법은 무엇일까? 정답은 서서 하는 회의다. 서서 회의하면 피곤할 것으로 생각할 수 있지만 짧은 시간이라면 앉아서 하는 회의보다 더 집중할 수 있다. 그 이유는 다음과 같다.

첫째, 선 상태는 앉아 있을 때보다 발바닥과 종아리를 자극하여 하반신의 혈액 순환이 원활해져 장시간 앉아 있는 것보다 신체 부담을 줄일 수 있다.

둘째, 서 있으면 정수리 근처에 있는 운동계 뇌 번지와 이해계 뇌 번지가 지속적으로 활성화되어 아이디어를 떠올리기 쉽다. 반면 앉아 있는 동작은 하반신을 움직이는 운동계 뇌 번지를 거의 사용하지 않는다. 따라서 서 있을 때보다 기억계와 사고계 뇌 번지로 자극이 한정되기 쉽다. 회의 내용에 따라 서거나 앉는 방식을 택하면 주제에 맞는 집중력을 끌어낼 수 있다.

셋째, 발바닥을 자극하면 운동계 뇌 번지와 연결된 감각계 뇌 번지가 활성화되어 좀 더 몸의 감각을 깨울 수 있다. 이처럼 서서 하는 회의는 앉아서 하는 회의와는 다르게 뇌를 활성화할 수 있다.

서서 하는 회의는 장시간 진행되는 미팅에는 적합하지 않다. 하지만 소수의 인원이 짧은 시간 동안 진행하는 브레인스토밍이나 아이디어 회의에는 효과적이다. 만약 참가자 중에 나이가 많은 사람이나 컨디션이 좋지 않은 사람이 있을 경우 체력적으로 부담을 느낄 수 있으므로 의자를 준비하는 것이 좋다.

멍할 땐 심호흡과 걷기로 뇌를 리셋

**마스크 착용이
뇌에 안 좋은 영향을 미칠까?**

—

나는 다음과 같은 이유로 코로나19 시기가 뇌에 좋지 않은 영향을 미쳤다고 생각한다.

- 외출이 제한되어 활동 기회가 줄면서 주로 운동계 뇌 번지와 시각계 뇌 번지의 기능이 제한되었다.
- 얼굴을 맞대고 하는 대화보다 정보량이 적은 온라인 대화가 증가하여 감정계 뇌 번지의 기능이 제한되었다. 그 결과 표정과 몸짓을 통해 상대의 감정을 읽는 능력이 약해졌다.

- 장기간 마스크를 착용하면서 뇌가 에너지 절약 상태에 익숙해졌다.

이 세 가지 요소 중 뇌에 부담을 주어 집중력 저하에 가장 큰 영향을 미치는 요인은 마스크 착용이다.

- 하루종일 활동하면서 마스크를 착용한다.
↓
- 체내로 들어오는 산소량이 줄어든다.
↓
- 산소량이 줄어들면 뇌는 최소한의 기능만 하게 된다. 산소 부족은 뇌 기능 저하를 초래해 사고력과 집중력을 떨어뜨린다.

마스크를 계속 착용하면 뇌로 가는 산소 공급이 부족해져 기능이 저하된다.

심호흡을 하면
뇌의 피로가 해소된다
—

뇌는 많은 산소를 사용하면서 기능한다. 그런데 마스크를 착용하거나 긴장과 불안, 화, 스트레스 등의 감정을 느끼면 호흡이 얕아져 뇌는 충분한 산소를 공급받지 못한다. 그 결과 뇌는 산소 부족 상태에 빠지고 집중력은 떨어진다.

이런 산소 부족 상태의 뇌를 회복시키는 간단한 방법이 바로 심호흡이다. 심호흡을 할 때는 깊게 들이마시고 천천히 내뱉는 것이 중요하다.

 중요 포인트

지친 뇌를 깨우는 심호흡 방법

❶ 몸의 힘을 빼고 편안하게 앉는다.
❷ 눈을 감는다.
❸ 코로 숨을 들이마시며 머릿속으로 3초를 센다.
❹ 입으로 천천히 내쉬며 머릿속으로 5초를 센다.
❺ 3~5분 동안 아침, 점심, 저녁 하루 3회 이상 반복한다.

호흡수를 줄여서 깊고 천천히 호흡을 반복하면 뇌의 컨디션을 조절할 수 있다. 굳이 외출하지 않아도 책상에 앉아서 할 수 있으므로 기분을 전환하고 싶은데 산책할 시간이 없을 때는 심호흡을 하여 뇌를 리셋하고, 걸을 수 있는 환경이라면 걸으면서 천천히 심호흡을 하자. 효과가 배가 되고 멍한 상태에서 빠르게 빠져나올 수 있다.

집중력은 음식에서 비롯된다

집중력이 떨어지는 원인은
영양소 부족

—

집중력 향상에는 수면과 운동 외에도 식사가 중요하다. 우리의 뇌와 신체 세포는 섭취하는 음식으로 만들어지며 집중력과 음식은 밀접한 관계가 있다. 집중력을 유지하는 데 필요한 영양소와 쉽게 구할 수 있는 음식을 소개한다.

플라스말로겐 **가리비, 연어, 문어 등**

치매 예방에 효과가 있다고 알려진 영양소다. 건망증이 잦은 사람은 플라스말로겐의 양이 부족할 가능성이 있다.

오메가3 지방산 아마씨유, 들기름, 정어리, 가다랑어, 참치, 연어 등

뇌 기능을 향상하고, 나이가 들면서 감소하는 기억력 저하를 완화한다. 치매의 원인이 되는 베타 아밀로이드 단백질 등의 노화 물질 배출을 촉진하는 역할도 한다. 정어리, 전갱이, 꽁치 등에 포함된 도코사헥사엔산(DHA), 에이코사펜타엔산(EPA)도 오메가3 지방산의 한 종류이다.

폴리페놀 베리류, 대두, 사과, 포도, 양파, 셀러리, 가지, 호두, 땅콩 등

생체 리듬에 좋은 영향을 주고 수면의 질을 높인다.

철분 : 쇠고기, 돼지고기, 간, 참치, 가다랑어, 바지락, 재첩, 굴, 시금치, 청경채, 완두콩, 누에콩 등

철분이 부족하면 빈혈로 인해 신체 활동량이 감소하고, 인지 기능이 저하되고, 호흡이 얕아지고, 수면의 질이 떨어지고, 세로토닌과 도파민을 분비하지 못하는 등의 문제가 발생할 수 있다. 세로토닌은 심리 안정과 행복감을 조절하는 신경 전달 물질이다.

트립토판 참치, 가다랑어, 연어, 돼지고기, 소고기, 닭고기, 대두, 우유, 치즈, 현미, 메밀, 바나나 등

트립토판은 심리 안정과 밀접한 관계가 있는 영양소로, 세로토닌을 생성하는 원료다.

포도당 롤빵, 쌀빵, 감자, 고구마, 포도, 건포도, 말린 자두, 꿀, 리치 등

포도당은 뇌의 주요 에너지원이다. 음식에서 섭취한 탄수화물은 소화와 흡수를 거쳐 포도당으로 분해되어 뇌의 에너지원으로 쓰인다.

탄수화물(당질)은 전분, 올리고당과 같은 다당류, 설탕 등의 이당류, 포도당과 같은 단당류를 모두 일컫는 말이다. 탄수화물은 체내에서 분해되어 단당류로 변환되며 뇌의 유일한 에너지원으로 사용된다. 포도당이 부족하면 뇌 기능이 저하되고 집중력이 떨어지며 의욕도 감소한다. 반대로, 포도당을 과잉 섭취하면 뇌의 정상적인 기능이 손상될 가능성이 있다.

다이어트를 할 때 탄수화물 섭취를 제한하는 경우가 있는데 주식(쌀밥, 빵 등)까지 완전히 끊는 지나친 탄수화물 제한은 건강을 해칠 수 있다. 다이어트를 할 때 탄수화물을 대하는 올바른 방법은 탄수화물을 제한하기보다 섭취한 탄수화물을 소비하는 것이다. 낮 동안에 뇌의 활동량을 늘리면 탄수화물을 효과적으로 소모할 수 있다. 그러므로 일, 운동, 독서, 방 청소 등 하루 활동량을 늘리는 것이 중요하다.

피곤할 때 단맛이 당기는 이유는 혈액 내 포도당이 부족하여 뇌에 충분한 영양 공급이 이루어지지 않기 때문이다. 피로를 회복하려면 혈당 수치를 정상으로 끌어올려야 하므로 자연스럽게 단 음식을 원하게 된다. 하지만 갑자기 혈당이 급상승하면 오히려 집중력이 저하될 수 있으므로, 단것을 먹으면서 일하기보다는 단 음식을 먹은 후에 휴식하거나 휴식 시간에 단 음식을 섭취하는 편이 낫겠다.

비타민 B군 **돼지고기, 마늘, 달걀, 바지락, 낫토, 명란젓 등**
신경과 뇌 기능을 지원하고 집중력을 높인다.

많이 씹을수록 집중력이 좋아진다

식사 방법을 바꾸면
뇌의 기능이 개선된다

—

음식을 먹는 행위는 다양한 뇌 번지를 자극하기 때문에 식사
방법을 바꾸기만 해도 뇌를 활성화할 수 있다. 집중력을 높이
는 식사의 5가지 포인트를 소개한다.

● 잘 씹는다
씹는 행위는 운동계, 시각계, 감정계 뇌 번지를 활성화하고 뇌
를 각성시키는 효과가 있다. 잡곡밥, 현미 등 많이 씹어야 하는
음식을 추천한다. 음식을 씹을 때는 좌우 치아를 고르게 사용

하자. 한쪽 치아로만 음식을 씹으면 볼 안쪽 근육이 한쪽만 발달해 뇌 기능에도 불균형이 생길 수 있다.

　운동선수들이 경기 중에 껌을 씹는 이유는 사고와 판단을 담당하는 전두엽이 자극되어 뇌가 활성화되기 때문이다. 사고력이 향상되면 상황 판단과 신체 기능의 정확성이 높아져 집중할 준비를 갖추게 된다.

● 향과 냄새를 즐긴다
냄새와 향은 감정계 뇌 번지와 연결되어 있어 식욕을 자극하고 기분을 좋게 만든다.

● 양손을 사용한다
한 손만 사용할 때보다 양손을 사용하면 운동계 뇌 번지를 자극할 수 있다. 테이블 위에 놓인 음식을 그대로 젓가락으로 집지 말고 한 손으로 그릇을 들고 다른 손으로 젓가락을 사용하는 것이 좋다.

● 아침 식사를 거르지 않는다
아침에 식사를 거르는 사람은 식사를 하는 사람에 비해 뇌 번지 기능 저하, 영양소 공급 부족, 생체 리듬 불규칙 등의 이유로 뇌가 충분히 각성하지 않을 가능성이 있다.

뇌가 완전히 깨어나지 않은 상태로 하루를 보내면 머리가 명하거나 집중력을 유지할 수 없다. 낮 동안 졸리거나 피로감을 느끼는 것은 뇌 기능이 충분히 활성화되지 않았기 때문이다. 아침부터 뇌가 충분히 활동할 수 있도록 아침 식사를 거르지 않도록 하자.

● 하루 세 끼를 정해진 시간에 먹는다

매일 같은 시간에 식사하면 생체 리듬이 안정된다. 저녁 식사는 수면 중에 뇌와 장이 쉴 수 있도록 취침 3시간 전까지 마치는 것이 바람직하다.

Q 공부하면서 저는 듣고 외울 때 집중이 잘되는데 친구는 눈으로 보고 외울 때 집중이 더 잘된다고 합니다. 왜 그런 걸까요?

A 시각계와 청각계 뇌 번지가 각각 지닌 힘이 사람마다 다르기 때문입니다.

정보를 기억하는 데에는 다음의 두 가지 뇌 기능이 중요하다.

- **시각계 뇌 번지가 강한 사람**: 글자로 된 정보가 집중하기 쉽다. 정보를 듣기만 해서는 기억에 남기 어려우므로 들으면서 메모하여 시각화하는 것이 좋다.

- **청각계 뇌 번지가 강한 사람**: 말로 전달되는 정보가 더 집중하기 쉽다. 글보다 말이 자연스럽게 귀에 들어오고 이해하기도 쉽다.

자신이 어느 쪽을 더 잘하는지 이해하고 있으면 새로운 분야에 도전할 때도 집중력을 발휘하는 데 도움이 된다.

단, 시각계와 청각계 어느 쪽이 우위에 있든 청각을 활성화하는 습관을 기르는 것이 중요하다. 청각계는 뇌 전체를 활성화하는 데 핵심적인 역할을 하기 때문이다. 특히 기억할 때 청각계 뇌 번지는 기억의 임시 저장고인 해마에 쉽게 접근할 수 있기 때문에 청각을 활용하면 쉽게 암기할 수 있다.

Q 심호흡 이외에 의자에 앉아서 마음을 진정시킬 수 있는 방법이 있을까요?

A 마음속으로 혼잣말하듯 천천히 하나부터 열까지 세어 보세요.

주의력이 산만해질 때에는 이 멘탈 카운트가 효과적이다. 멘탈 카운트는 눈을 감고 마음속으로(소리를 내지 않고) 1부터 10까지 천천히 세는 방법이다. 숫자에 의식이 집중되기 때문에 다른 곳으로 정신이 분산되지 않고 마음을 안정시키는 효과가 있다. 반드시 눈을 감지 않아도 되며 자신의 코끝을 보면서 수를 세어도 집중할 수 있다.

Q 여름은 겨울보다 집중하기 어렵다거나 봄은 가을보다 집중하기 쉽다고 합니다. 계절이 바뀌면 집중력도 영향을 받을까요?

A 그렇습니다. 집중력은 계절성이 있습니다.

집중력이 필요한 과제를 처리할 때 뇌는 여름에 가장 활발하게 활동하지만 겨울에는 활동량이 대폭 감소하고, 여름과 비교했을 때 겨울의 인지 기능이 저하된다는 연구 결과가 보고되었다.

실제로 특정 계절에 주기적으로 나타나는 계절성 정서 장애(SAD)라는, 주로 가을이나 겨울 등 일조량이 줄어드는 계절에 나타나는 우울 증상이 있다. 또한 조현병 환자가 인지 과제를 수행할 때나 알츠하이머병 환자의 체온 리듬을 측정할 때도 계절에 따른 변화가 나타난다고 밝혀졌다. 이러한 계절적 변화는 사고계 뇌 번지인 전두엽과 유전적인 관련성이 있다고 지적된다.

나의 경우 환절기에 오히려 집중력이 오르고 한겨울에는 뇌의 기능이 다소 저하되는 경향이 있다. 기온, 습도, 일조 시간(세로토닌 분비가 줄어들면 집중력이 떨어진다. 세로토닌은 낮에 햇볕을 쬐면 생성된다), 온도 차이 등에 영향을 받는다고 생각한다(어떤 계절에 집중력이 높아지는지는 개인마다 차이가 있다).
(출처: Lim AS, Klein HU, Yu L, Chibnik LB, Ali S, Xu J, Bennett DA, De Jager PL. Diurnal and seasonal molecular rhythms in human neocortex and their relation to Alzheimer's disease. Nat Commun. 2017 Apr 3;8:14931. doi: 10.1038/ncomms14931.)

Q 집중하면 누구나 자신의 한계를 뛰어넘는 괴력을 발휘할 수 있을까요?

A 아니요, 그렇지 않습니다. 그런 일이 일어나려면 평소에도 훈련이 필요합니다.

화재나 사고 등 절박한 상황에서 평소에는 내지 못했던 초인적인 힘으로 무거운 잔해를 들어 올려 깔려 있던 사람을 구했다는 이야기를 한 번쯤 들어 본 적이 있을 것이다.

우리는 근력이나 운동 능력을 항상 100% 발휘하지는 못한다. 계속해서 100%의 힘을 내면 많은 양의 산소와 에너지를 소모하여 뇌와 몸이 망가지고 말 것이다. 그래서 뇌는 평소 100%의 힘을 내지 않도록 제한하고 있다.

자동차 운전을 하는 사람이라면 속도계에 제한 속도 이상의 눈금이 표시되어 있다는 것을 알 것이다. 고속도로의 제한 속도가 시속 100킬로미터라고 가정하자. 이때 최고 속도가 100킬로미터인 차를 타고 있다면 항상 전속력으로 주행해야 하므로 엔진에 큰 부담이 간다. 하지만 최고 속도가 180킬로미터인 차라면 100킬로미터로 계속 주행할 때 엔진의 부담을 크게 낮출 수 있다. 사람의 뇌도 자동차와 마찬가지다. 과잉 성능으로 만들어졌기 때문에 부담 없이 일상생활을 할 수 있는 것이다.

앞서 말한 자신의 한계를 뛰어넘는 괴력이 발휘될 때란, 뇌의 제한을 해제하고 100%의 힘을 사용하는 상태이다. 만일의 경우 이 힘을 낼 수 있으려면 훈련이 필요하다. 예를 들어, 무거운 짐을 들어 올리는 데 에너지를 집중하기 위해서는 운동계, 사고계, 시각계 뇌 번지의 원활한 연결이 필수적이다. 따라서 이들 뇌 번지를 평소에 단련해 두어야 한다. 애초에 처음부터 근력이 없다면 무거운 것을 들 수 없다.

일본의 유명 야구 선수인 이치로가 다음 기사에서처럼 연습할 때는 반드시 그날의 한계에 도달하려 노력했다고 말한 이유도, 자신의 힘을 한계까지 발휘하려면 자신이 어디까지 할 수 있는지 미리 알고 있어야 하기 때문이다.

"연습할 때는 반드시 그날의 한계에 도달하려 노력한다. 그 이상으로 과도하게 연습하면 부상을 입거나 추워지면 감기에 걸릴 수 있다고 센서가 내게 신호를 보내는 훈련을 매일 반복한다. 그렇게 하지 않으면 한계를 극복할 수 없고, 부상 등에 강해질 수 없다."

〈스포츠호치〉 2023년 11월 22일

참고로 나의 고교 시절 별명은 '전력 질주하는 가토'였다. 왜냐하면 무엇을 하든 전력을 다했기 때문이다. 당시 나는 두뇌 전문가가 아니었지만 그때도 할 수 있는데 분발하지 않으면 집중력을 발휘할 수 없고, 자기 최대치의 능력을 모르면 결정적인 순간에 자신의 실력을 끌어낼 수 없다고 생각했다. 고교 시절 나의 생각은 옳았다. 최고, 최대의 집중력을 끌어올리고 싶다면 평소에도 한계를 정하지 않고 전력을 다해 노력하는 자세가 필요하다.

마치며

집중력은 특별한 능력이 아니다. 뇌의 구조를 바르게 이해하고 온전히 기능하게 하면 누구나 발휘할 수 있는 능력이다.

농부가 매년 맛있는 쌀을 수확할 수 있는 이유는 벼의 생육, 토양, 비료, 물, 기상 조건 등을 잘 이해하고 있기 때문이다. 나는 뇌의 성장도 벼의 수확과 같은 논리라고 생각한다. 뇌와 집중력의 구조를 이해하고 적절히 관리하면 뇌는 건강하게 성장한다.

뇌의 신경 세포는 1세 전후부터 감소하기 시작한다고 알려져 있다. 하지만 신경 세포가 감소한다고 해서 뇌의 성장이 멈추는 것은 아니다. 몇 세가 되어도 우리의 뇌는 성장을 기다리고 있는 잠재 능력 세포가 다 사용할 수 없을 정도로 많이 존재한다.

게다가 뇌의 기능에는 신경 세포의 수뿐 아니라 신경 세포들

끼리 연결하는 네트워크(신경 회로)의 발달 정도가 크게 영향을 미친다. 그런데 이 네트워크는 나이와 상관없이 뇌를 사용하면 사용할수록 발달한다. 뇌의 성장은 어떻게 사용하느냐에 달렸다. 8개의 뇌 번지를 고르게 사용하고, 평소와 다르게 행동하는 등 계속해서 뇌에 새로운 자극을 주면 뇌는 우리 생애에 걸쳐 성장한다.

나는 어려서부터 바다와 낚시를 매우 좋아했다. 할아버지와 함께 낚싯배를 타고 바다로 나가는 것이 즐거웠다. 그런데 물고기를 한 마리도 낚지 못한 날 나는 배 위에서 이런 생각을 했었다.

'낚시도 바다도 좋아하는데 왜 바다에 나오면 잠이 올까?'

당시 나로서는 이유를 알 수 없었다. 하지만 지금은 왜 잠이 왔는지(다시 말해 집중력이 떨어졌는지) 그 이유를 잘 알고 있다.

잠이 올 때는 언제나 예외 없이 변화가 없었고 자극도 없었다. 물고기가 미끼를 물거나 삼켰을 때 나타나는 낚싯대의 움직임, 즉 입질이 없었기 때문이다. 바다는 잔잔하고 파도도 일지 않는다. 풍경도 변하지 않는다. 배 위에서는 아무 일도 일어나지 않는다. 아무 일도 생기지 않으니 자극이 없다. 자극이 없으니 뇌의 활동이 둔해지고 집중력이 떨어지는 것이다(잠이 오는 것이다). 뇌를 활성화하려면 자극이 필요하다.

일정 나이가 되면 뇌가 쇠약해지는 것을 막을 수 없거나, 나이가 들면 집중력이 떨어지는 것은 어쩔 수 없다고 생각하는 사람이 많다. 하지만 실제로는 뇌에 자극을 주면 나이가 들어도 계속해서 뇌를 성장시킬 수 있다. 그리고 뇌가 성장하는 한 집중력은 쇠퇴하지 않는다.

나이가 들어도 집중력을 잘 활용해 지속적으로 뇌의 성장을 이어 가자. 이 책이 여러분의 인생에 밑거름이 된다면 더한 기쁨이 없겠다.

가토 플래티나 클리닉 원장, 신경내과 의사, 의학 박사

가토 토시노리

뇌에서 켜지는 집중력

참고 문헌

《머리가 순식간에 샤프해진다! 뇌의 강화서》 아사출판

《머리가 점점 건강해진다!! 더욱더 뇌의 강화서 2》 아사출판

《몇 살부터라도! 뇌를 키우는 트레이닝》 NHK출판

《1만 명을 본 뇌내과 의사가 권하는 대단한 행동력》 아사히신문출판

《평생 머리가 좋아지는 대단한 뇌 사용법》 선마크출판

《명의가 실천하는 뇌가 바뀌는 초명상》 선마크출판

《뇌가 젊어지는 최고의 수면~수면 부족은 치매의 최대 위험~》 쇼가쿠칸

《게으른 나를 바꾸는 교과서 의욕이 생기는 뇌》 스바루사

《인생이 편해지는 뇌 연습》 닛케이BP

Paruthi S, et al.(2016). Consensus Statement of the American Academy of Sleep Medicine on the Recommended Amount of Sleep for Healthy Children: Methodology and Discussion. J Clin Sleep Med. 12(11): 1549-1561. doi: 10.5664/jcsm.6288.

Consensus Conference Panel, Watson, N. F., et al.(2015). Recommended amount of sleep for a healthy adult: A joint consensus statement of the American Academy of Sleep Medicine and Sleep Research Society. Journal of Clinical Sleep Medicine, 11(6), 591-592. doi: 10.5664/jcsm.4758.